Anita Arneitz

On Tour

Trips & Tipps für Junge

Carinthia Verlag

ISBN 978-3-85378-656-7

Cover- und Buchgestaltung: TACC Media & Production
Druck und Bindung: Druckerei Theiss

Anita Arneitz

On Tour

Trips & Tipps für Junge

Der ultimative Reiseführer

Inhaltsverzeichnis

Vorwort der Autorin 8
Der Rausch des Reisenden 10
Tanz der Kulturen 14
Etikette auf Reisen 17
Erlaubt oder verboten? Die Jugendschutzbestimmungen 23
Anti-Heimweh-Tipps: Gegen alles ist ein Kraut gewachsen 26
Selbst zum Reiseblogger werden: So geht's! 29

Kärnten 31

Hot City: Klagenfurt 32
- Must-know: Ein bisschen Geschichte 33
- Must-see: Die Sehenswürdigkeiten 34
- Na dann, gute Nacht! 37
- Da schmeckt's uns! 40
- Tanzen, feiern und kennenlernen 45
- Jugendtreffs 51
- Shopping 54
- Relaxen 59
- Outdoor 61

Hot City: Villach 65
- Must-know: Ein bisschen Geschichte 66
- Must-see: Die Sehenswürdigkeiten 67
- Na dann, gute Nacht! 69
- Da schmeckt's uns! 70
- Tanzen, feiern und kennenlernen 74
- Shopping 78
- Relaxen 80
- Outdoor 82

Fun in the sun rund um den Wörthersee 85
- Must-see: Die Sehenswürdigkeiten 86
- Na dann, gute Nacht! 87
- Da schmeckt's uns! 87
- Tanzen, feiern und kennenlernen 88
- Outdoor 91

Kärnten: Gut zu wissen! 92

Slowenien	99
Hot City: Ljubljana	100
Must-know: Ein bisschen Geschichte	101
Must-see: Die Sehenswürdigkeiten	103
Na dann, gute Nacht!	104
Da schmeckt's uns!	106
Tanzen, feiern und kennenlernen	108
Shopping	111
Outdoor	112
Hot City: Maribor	113
Must-know: Ein bisschen Geschichten	114
Must-see: Die Sehenswürdigkeiten	114
Na dann, gute Nacht!	115
Da schmeckt's uns!	117
Tanzen, feiern und kennenlernen	118
Shopping	119
Outdoor	119
Fun in the sun in Bled	120
Must-know: Ein bisschen Geschichte	120
Must-see: Die Sehenswürdigkeiten	121
Na dann, gute Nacht!	122
Da schmeckt's uns!	122
Shopping	123
Outdoor	124
Slowenien: Gut zu wissen!	125

Italien	127
Hot City: Triest	128
Must-know: Ein bisschen Geschichte	129
Must-see: Die Sehenswürdigkeiten	129
Na dann, gute Nacht!	131
Da schmeckt's uns!	132
Tanzen, feiern und kennenlernen	134
Shopping	136
Outdoor	136

Hot City: Udine 137
Must-know: Ein bisschen Geschichte 137
Must-see: Die Sehenswürdigkeiten 139
Na dann, gute Nacht! 140
Da schmeckt's uns! 140
Tanzen, feiern und kennenlernen 142
Shopping 144
Relaxen 145
Fun in the sun am Gardasee 146
Must-know: Ein bisschen Geschichte 147
Must-see: Die Sehenswürdigkeiten 148
Na dann, gute Nacht! 150
Da schmeckt's uns! 151
Tanzen, feiern und kennenlernen 153
Shopping 154
Vergnügungsparks 156
Outdoor 159
Italien: Gut zu wissen! 160

Kroatien 163
Hot City: Pula 164
Must-know: Ein bisschen Geschichte 165
Must-see: Die Sehenswürdigkeiten 166
Na dann, gute Nacht! 168
Da schmeckt's uns! 168
Tanzen, feiern und kennenlernen 171
Shopping 171
Relaxen & Outdoor 172
Hot City: Poreč 173
Must-know: Ein bisschen Geschichte 173
Must-see: Die Sehenswürdigkeiten 174
Na dann, gute Nacht! 175
Da schmeckt's uns! 176
Shopping 176
Tanzen, feiern und kennenlernen 177
Outdoor 178

Fun in the sun in Umag 179
Must-know: Ein bisschen Geschichte 179
Must-see: Die Sehenswürdigkeiten 180
Na dann, gute Nacht! 180
Shopping 181
Kroatien: Gut zu wissen! 182

Klasse Fahrten 185
Kärnten:
Zauber der Zirbenwälder 190
Gemeinsam kreativer werden 193
Erster Weltkrieg in den Bergen 197
Slowenien:
Ein paar Tage entlang der Windstraße 199
Bewegung im Bergparadies Triglav 202
Italien:
Dino-Suche in den Dolomiten 204
Wenn die Erde bebt… 207
Poetischer Mythos am Meer 210
Kroatien:
Trüffel und Bike an der Adria 212
Besuch der „Friedensinseln“ 215

Sommer, Sonne, Strand und Stimmung: Maturareisen 217
Feiern am Klopeiner See 220
Das kleine Florida: Lignano 224
Heiße Nächte in Portorož 227
24 Stunden Party in Rovinj 231

Anhang 233

www.ichlese.at/ontourblog

Vorwort der Autorin

Raus aus dem Hotel Mama, rein ins Abenteuer Leben: Die Null-Bock-Generation war gestern. Junge Leute von heute sind ständig in Bewegung und offen für Neues. Ihnen kommt zugute, dass Europa immer stärker zusammenwächst und Mobilität großgeschrieben wird. Sie haben weitaus mehr Möglichkeiten, das eigene Leben aktiv zu gestalten als frühere Generationen. Durch die Aufhebung der Grenzen können sie einfacher in Nachbarländer reisen, um dort ein Schuljahr oder Studiensemester zu verbringen, Sprachen zu lernen, zu arbeiten oder einfach nur Urlaub zu machen.

In den Ferien wollen junge Leute nicht nur Chillen und Party, sie sind genauso kulturell interessiert und wollen „was Gscheites" unternehmen. Egal ob Sightseeingtour, Souvenir-Shoppen oder Surfkurs: Reisen erweitert den Erfahrungsschatz und damit den Horizont. Sprachkenntnisse, Toleranz, Flexibilität, Selbstorganisation, Umgang mit anderen Kulturen, Kommunikation, Offenheit – all diese Dinge sind im Berufsleben stark gefragt und wirken sich letztlich positiv auf den Lebenslauf aus. Reisen ist somit eine Investition in die Zukunft! Klar, die erste Reise allein (ohne Mum und Dad) ist mit Aufregung verbunden. Viele Dinge müssen selbst organisiert werden, alles ist anders als zu Hause. Einige Herausforderungen kommen auf einen zu. Daher sollte mit den Eltern offen über das Vorhaben gesprochen werden. Je besser die Erziehungsberechtigten informiert sind, desto weniger Sorgen machen sie sich, und umso leichter fällt ihnen das „Loslassen". Für Erwachsene ist das Verreisen ihres Kindes immer wieder ein Teil des Abnabelungsprozesses. Eltern müssen Vertrauen darin haben, dass ihr Kind „es" schafft. Junge Leute brauchen den Freiraum, aber auch die Unterstützung und den Rückhalt von zu Hause. Eine gute Vorbereitung für beide Seiten bietet dieser neuartige Reiseführer.

Wenn die beste Freundin für ein Jahr in Italien lebt, der Freund in Kroatien studiert oder man selbst im Ausland eine Party feiert, will man seine Erlebnisse via Handy oder Web mit anderen teilen und (weltweit) mit Freunden sowie Familie in Kontakt bleiben. Die neuen Kommunikationsmittel gehören einfach dazu. Wie man Reiseblogger wird, erfährt man in einem eigenen Kapitel und unter www.ichlese.at/ontourblog. Auch ich selbst werde regelmäßig neue Routen und Trips online stellen – denn wer einmal den Rausch des Reisens erlebt hat, wird im besten Sinne süchtig danach!

Eine Reise allein anzutreten, erfordert jedenfalls eine ordentliche Portion Mut. Etwas leichter ist es da schon, mit der Freundin oder dem Freund oder in einer Gruppe zu verreisen. In einer Gruppe Gleichaltriger unterwegs zu sein, fördert das Zusammengehörigkeitsgefühl und ist wichtig für die Identitätsfindung. Daher ist es schade, wenn gerade bei Klassenfahrten und gemeinsamen schulischen Aktivitäten der Sparstift angesetzt wird. Damit die nächste Klassenfahrt sicher zustande kommt, habe ich viele Touren zusammengestellt, die kostengünstig, lehr- und erlebnisreich sind.
Auf den ersten Blick scheint eine Maturareise in die nähere Umgebung für viele Schüler wenig attraktiv. Sie wollen möglichst weit weg, weil nur in der Ferne richtig abgefeiert werden kann. Doch der Schein trügt! Nur ein paar Stunden Auto- oder Zugfahrt eröffnen frischgebackenen Maturanten wahre Partymekkas mit Sonne, Strand und Stimmung.
Mit „On Tour" möchte ich Jungen und Junggebliebenen die vielen verschiedenen Freizeitmöglichkeiten in Kärnten, Slowenien, Italien und Kroatien näherbringen. Auch wer die Gegend schon kennt, wird die eine oder andere neue Anregung finden. Um optimale Insiderinformationen bieten zu können, habe ich mit fast hundert jungen Leuten zwischen 15 und 30 Jahren aus den vier Ländern Interviews durchgeführt. Sie berichteten, was sie an ihrer Heimat besonders schätzen, was man als Besucher auf keinen Fall verpassen darf, was sie selbst in ihrer Freizeit gerne machen. Das Ergebnis sind tausend Tipps und und unzählige Trips, die nur darauf warten, entdeckt und ausprobiert zu werden. Los geht's!

Ab ins Abenteuer!

Der Rausch des Reisenden

Tipps von Psychologin Lilli Mahdalik

Lilli Mahdalik verrät, wie Reisen berauschend werden kann.

Was wir zum ersten Mal erleben, ist meist überwältigender und eindringlicher als eine spätere Wiederholung es jemals sein wird. Das liegt in der Natur der Sache. Genauso geht es uns mit den ersten Reisen, die wir antreten. Dabei denke ich an die ersten Urlaube, die ein junger Mensch selbst aussucht, selbst bucht – ja, vielleicht sogar selbst bezahlt.

Natürlich haben wir alle auch das „Mitfahren" mit den Eltern genießen können. Jeden Tag sind ein sauberer Schlafplatz, gediegene Mahlzeiten und ein nettes Freizeitprogramm garantiert gewesen. All diese Bequemlichkeiten hatten aber auch ihren Preis: Die Eltern bestimmten und waren 24 Stunden an unserer Seite. In der neuen Reise-Ära übernimmt man selbst die Hauptrolle, die Regie und die Rolle des Kritikers gleichzeitig - und das fühlt sich gut an!

Jeder junge Mensch ist noch auf der Suche nach seiner Identität. Wer bin ich? Was macht mich aus? Was ist mir für mein zukünftiges Leben wichtig? Auf diese Fragen kann eine Reise Antworten geben. Andere Länder, andere Sitten, sagt das Sprichwort. Genau diese Erweiterung des Horizonts, das Begegnen völlig fremder Situationen innerhalb anderer Kulturen, zeigen weitere Möglichkeiten auf, wie man sein Leben führen könnte.

Plötzlich erlebt man, wie sich eine sehr große Welt auftut. Überall lachen einem Chancen und Gelegenheiten zu, die man scheinbar nur mehr zu ergreifen braucht. Das Leben schmeckt nach Freiheit, Abenteuer und Maßlosigkeit. Beim Reisen gibt es nichts, was nicht passieren kann. Was auf einen zukommen wird, weiß man nicht genau - und das macht den Reiz aus. Je höher die Wahrscheinlichkeit ist, in Situationen zu geraten, die viel Mut, Flexibilität und innere Stärke benötigen, desto eher wird man in dieser Reise über sich hinauswachsen. Diese selbst ausgesuchten Herausforderungen erfolgreich zu meistern schenkt uns Selbstbewusstsein.

Die Erfahrung zu machen: Ich komme in dieser großen Welt sehr gut klar, stärkt den Wunsch, die Welt zu erobern, sich Aufgaben mutig zu stellen und allen zu zeigen, was man drauf hat.

Gerade deshalb passen die Jugend und das Reisen so gut zusammen! Wer könnte denn besser und energischer die unbekannten Länder erobern, sich auf neue Menschen und Kulturen einlassen als ein junger Mensch? Die Offenheit und Freigeistigkeit sind häufig ein Begleiter der Jugend, und so kommt es, dass man sich gerade in der jetzigen Lebensphase beinahe überall zurechtfindet.

Sind diese Erfolgserlebnisse auch noch in die warme, sonnige, herzliche Reisestimmung eingebettet, wirkt dieser Cocktail wie eine Glücksdroge.

Gerade deswegen ist es so schade, dass sich immer mehr junge Reisende für „Klassen-Party-Reisen" entscheiden, anstatt sich dem ganz persönlichen Rausch des Reisenden hinzugeben. Warum? Wenn man sich dem permanenten Alko-Rausch hingibt, weiß man gar nicht, welch delikaten, lieblichen, aufregenden und erfüllenden Reiserausch man dafür opfert.

Ältere Menschen erzählen ihr Leben lang von außergewöhnlichen Erfahrungen, überwältigenden Eindrücken und überraschenden Begegnungen, die sie während einfachsten Reisen erleben durften. Solche Momente bleiben für immer eine besondere Erinnerung.

Eltern und Lehrer sollten junge Leute, die sich nach stolzen Leistungen mit einer Reise belohnen wollen, zu aufregenden Individualreisen motivieren.

Tipp 1: Frage Menschen in deiner Umgebung nach ihren schönsten Reiseerinnerungen. Das macht Lust auf Abenteuer. Entscheide dich für etwas Besonderes – du wirst dich dein Leben lang daran erinnern.

Vielleicht entdeckt man auf der Reise Menschen, kulturelle Werte oder Grundhaltungen, auf die man nicht mehr verzichten will. Ebenso kann es sein, dass man Seiten an sich selbst entdeckst, die schon längst darauf gewartet haben, an die Oberfläche zu gespült zu werden, und die sich sehr gut anfühlen – sie werden Teil der Identität.

Tipp 2: Sei offen für diese Erkenntnisse, denn sie können dein Leben bereichern und dich noch mehr zu dem werden lassen, der du bist.

Man sollte den Eindrücken und Erlebnissen Zeit und Raum geben, um sie auf sich wirken zu lassen und die vielen Facetten des Lebens zu genießen.

Man wird die Erfahrung machen, dass in den verschiedenen Ländern einerseits ganz unterschiedliche Werte gelten – und dass man andererseits überall mit einem bestimmten Auftreten punkten kann und Wohlwollen erntet.

Tipp 3: Einfache Anständigkeit, Freundlichkeit und Respekt für dein Gegenüber: Damit klappt es auf jeder Reise! Eine offene, positive Haltung den Menschen gegenüber wird überall honoriert.

Auf der Reise wird man vielen Menschen begegnen, wenn man daran interessiert ist, Kontakte zu knüpfen, wird dies auch möglich. Wenn man das Glück hat, auf nette, hilfsbereite Menschen zu stoßen, sollte man es nicht als etwas Selbstverständliches hinnehmen. Häufig gewöhnen wir uns allzu schnell an Freundlichkeit oder Großzügigkeit anderer; wenn wir etwas zurückgeben, steigert sich das gute Gefühl noch.

Tipp 4: Freundschaften im Ausland sind eine große Bereicherung. Pflege und erhalte den Kontakt, wenn du auf besondere Menschen gestoßen bist.

Bei all den Chancen, Möglichkeiten und Freuden, die sich auf einer Reise eröffnen können, läuft gerade ein Reise-Frischling Gefahr, den Boden unter den Füßen zu verlieren. Sicherheit, Budget und Rahmenbedingungen sollten nicht über Bord geworfen werden.

Tipp 5: Wer innerhalb eines stabilen Rahmens reist, hat Spielraum für Leichtigkeit und Flexibilität. Am angenehmsten ist es, sich auf der Reise in einem Gleichgewicht aus Sicherheit und Offenheit zu bewegen.

Wenn man gemeinsam mit anderen reist, werden die Personen wahrscheinlich immer wieder unterschiedliche Interessen haben. Jeder fühlt sich von anderen Sehenswürdigkeiten, Ausflugszielen, Märkten oder Naturschauspielen angezogen.

Tipp 6: Sei den Interessen anderer gegenüber offen. So bekommst du Dinge zu sehen, auf die du allein nie gestoßen wärst.

Alles in allem ist jeder junge Reisende in einer beneidenswerten Lage. Diese Lebensphase ist einmalig, gerade was das Reisen betrifft. Ich wünsche allen, dass sie eine aufregende, wunderschöne Reise erleben und mit dem Gefühl heimkommen, den echten Rausch des Reisenden erlebt zu haben.

Tanz der Kulturen

Tipps von Gerti Malle, Coach und Trainerin für Diversity Management und Interkulturelle Kommunikation

> „Die Welt ist ein Buch.
> Wer nie reist, sieht nur eine Seite davon.“
> *(Aurelius Augustinus)*

Auf der Reise durch die Welt entdecken offene Augen viel Neues. Zu den sichtbaren Bereichen der Kultur gehören das Essen, Kleidung, Musik und Umgangsformen der Menschen. Die unsichtbaren Bereiche erkennen Reisende erst nach einiger Zeit - dazu zählen Werte, Normen und was sich die Menschen so denken. Tipp: Beachte auf Reisen stets, dass das, was zu Hause üblich ist, in einem anderen Land tabu sein könnte! (Siehe auch Kapitel Etikette auf Reisen.)

Mit anderen Kulturen klarkommen: Gerti Malle weiß, wie.

Kultur ist etwas sehr Dynamisches, etwas, das sich ständig verändert und nicht statisch ist. Kultur ist „the way of life“ von einer Gruppe von Menschen. Mein Professor Dietmar Larcher beschrieb Kultur folgend: „ Kulturen berühren und vermischen sich, nähern sich, entfernen sich, umschlingen sich, verschlingen sich, drehen sich, eine Art wilder Tanz.“ So ein Tanz macht Spaß, kann aber auch anstrengend sein, das Tempo bestimmt man jedoch immer selbst. Es liegt an uns selbst zu entscheiden, ob uns etwas gefällt oder nicht, ob man sich anpasst oder nicht. Manchmal vergleichen wir neu erlebte Dinge mit zu Hause und bevorzugen das Altbekannte, zum Beispiel die Art der Kommunikation oder das vertraute Essen. Aber Achtung: Die Gefahr beim Vergleichen liegt darin, dass die Reiselust ab- und die Sehnsucht nach zu Hause zunimmt!

Auf der Reise durch die Länder wird man viele verschiedene Menschen kennenlernen. Jedoch entscheidet man selbst, wie sich die Leute einem gegenüber entscheiden. Wie soll das gehen? Ein Beispiel: Man ist der Meinung, dass sich eine Kellnerin „unfreundlich" verhält. Allein bei dieser Feststellung urteilt man, ohne die Hintergründe zu kennen. Wenn man jedoch genau beobachtet, wird man feststellen, dass die Frau ihre Mundwinkel nach unten gerichtet hat und nicht mehr. Ihr Verhalten gehört zu ihrer Persönlichkeit und hat wahrscheinlich nichts mit uns zu tun. Vielleicht wurde sie gerade von ihrem Freund verlassen oder erhielt die Kündigung und ist deswegen schlecht drauf. Ein kleiner Tipp: Bewerte nicht und vergleiche nicht, hingegen erforsche, beobachte und beschreibe das Verhalten, tausche Informationen mit Freunden aus, was ist ihnen aufgefallen und was einem selbst? Wenn man offen für das Neue ist, kann man tolle Dinge entdecken!

Ein freundliches Gesicht ist eine schöne Grundlage für ein angenehmes Gespräch. Höflichkeitsformen wie z.B. „Guten Tag", „Auf Wiedersehen", „Danke", „Bitte" in der Landessprache sowie ein Lächeln auf den Lippen werden viele Türen öffnen. Und nicht vergessen: Sei dankbar für gute Anregungen und Hinweise! Einmal war ich in England und wohnte in einem „Bed and Breakfast". Die Vermieterin fragte mich am Morgen: „Coffee or tea?" Darauf sagte ich „coffee". Das war die falsche Antwort. Sie erwartete sich: „Coffee, please." Die Vermieterin erklärte mir, wie wichtig das Wörtchen please in der britischen Gesellschaft ist. Später ging ich in einen Supermarkt und testete prompt mein neu erlangtes Wissen, indem ich eine Verkäuferin fragte: „I am looking for marmalade, please." Man kann sich gar nicht vorstellen, wie schnell die Verkäuferin zum Regal ging, um mir das gewünschte Produkt zu zeigen.

Wie kommt man mit Menschen ins Gespräch?

Eine Möglichkeit ist, eine Geschichte über sich selbst zu erzählen: Woher man kommt, was man macht, was die eigenen Ziele sind. Wichtig ist aber, dass man dabei ein wenig unterscheidet. Nicht jeder hat die Geschichte verdient. Man sollte auf sein Bauchgefühl vertrauen. Wenn man sich unwohl in der Gegenwart einer Person fühlt, dann sollte man eher weiterziehen.

Wichtige Wörter für die Reise:

Kärnten	Slowenien	Kroatien	Italien
Danke	Hvála	Hvála	Grazie
Bitte	Prósim	Molim	Prego
Guten Tag	Dober dan	Dobar dan	Buon giorno
Auf Wiedersehen	Nasvidenje	Do viđenja	Arrivederci
Hallo/Servus	Zdravo	Bog	Ciao
Tschüss/Pfirti	Adijo	Bog	Ciao

Wo kann man erste Kontakte knüpfen?

Ein sehr guter Platz sind Jugendherbergen. Dort findet man ein internationales Publikum. Der Nachteil in einer Gruppe zu reisen ist, dass man wahrscheinlich fremde Leute seltener anspricht. Der Fokus ist mehr auf die eigenen Freunde gerichtet, mit denen man unterwegs ist. Dadurch lässt man sich viele tolle Gelegenheiten entgehen, neue Bekanntschaften zu schließen, Netzwerke zu bilden oder etwas über die neue Kultur zu lernen.

Plätze, an denen man Kontakte vertiefen kann:

Jugendherbergen, Konzerte, Strandbäder, Youth-Points, Universität/Campus, Schulen, Sightseeing-Punkte, Museen, Parkanlagen, Cafés, Gastfamilien…

Tipps für eine erfolgreiche Kommunikation:

1. Beobachte, aber bewerte nicht!
2. Höre zu!
3. Frage bei Missverständnissen nach!
4. Versuche, dich in die Einstellung anderer Menschen hineinzufühlen!
5. Lächle!

Damit die Reise ein Erfolg wird, ist es wichtig zu wissen, was man wirklich will. Was ist das Ziel auf dieser Reise? Was möchte man konkret erleben und unternehmen? Leute kennenlernen? Neue Speisen ausprobieren? Sightseeing? Tipp: Sinne offenhalten und flexibel sein! Verändere das Verhalten solange, bis das Ziel erreicht wurde oder verändere das Ziel.

Etikette auf Reisen

Tipps von Stil- und Etikettetrainerin Maria Th. Radinger

Bei Reisen ins Ausland entscheiden Kenntnisse über Sitten und Gebräuche der jeweiligen Länder oft über den Erfolg dieser Reise. Deshalb sollten sich Reisende vorab gründlich mit der betreffenden Kultur und den Umgangsformen befassen. Zum Beispiel mit

Umgangsformen respektieren, ohne die eigene Identität aufzugeben – Stil- und Etikettetrainerin Maria Th. Radinger gibt Tipps für die Reise.

- der Mentalität
- der Landessprache
- der Stellung der Frau
- den Verkehrsregeln
- dem politischen System
- der Religion

Bei der Wahl der passenden Garderobe spielt nicht nur das Klima eine Rolle. Auch die Erwartungen der Gastgeber und das vorgesehene Veranstaltungsprogramm sind zu berücksichtigen. Man sollte sich vorher erkundigen, was geplant ist.

Auf den Schienen

Wer ein Zugabteil betritt, grüßt die anwesenden Mitreisenden. Beim Aussteigen verabschiedet man sich ebenfalls mit einem freundlichen Wort. Im Schlaf- oder Liegewagen muss man sich nicht vorstellen. Die meisten Fahrgäste wünschen auch keinen näheren Kontakt. Ein kurzer Gruß und ein Lächeln reichen. Wer unbedingt sein Handy benutzen will, macht es leise und kurz oder geht auf den Gang.

In luftigen Höhen

Beim Platznehmen werden die Sitznachbarn gegrüßt. Die Rückenlehne wird langsam und vorsichtig verstellt, damit man den Hintermann damit nicht erschreckt. Beim Aufstehen aus der Sitzreihe hält man sich möglichst nicht an der vorderen Sitzlehne fest, um den dortigen Reisenden nicht zu stören. Flugzeugpassagiere mit Fenster- oder Gangplatz, sollten der Person, welche den mittleren Platz einnehmen muss, ihre rechte bzw. linke Armlehne überlassen, sodass ihr beide Armlehnen zur Verfügung stehen. Das Klatschen bei erfolgreicher Landung ist nicht stilvoll, stört das Flugpersonal aber nicht. Man verabschiedet sich von den Sitznachbarn und dankt, der am Ausgang bereitstehenden Crew für die freundliche Betreuung.

Das Gepäck

Wer mit dem Flugzeug verreist, markiert seinen Koffer mit einem Aufkleber oder farbigen Band, um ihn auf dem Transportband gleich zu erkennen. Reiseprofis verzichten auf teure Taschen und nehmen lieber einen schäbig aussehenden Koffer mit. Damit führt man potenzielle Kofferdiebe gar nicht erst in Versuchung. Grundsätzlich gilt: Egal wo, das Gepäck sollte nicht achtlos und unbeaufsichtigt im Weg stehen. Kopien von wichtigen Reiseunterlagen (Tickets), Visum, Personalausweis, von Versicherungs- und Kreditkarten, Adressen und Telefonnummern von Hotel und Ansprechpartnern sollten getrennt von den Originalen im Handgepäck verstaut werden.

Trinkgeld auf Reisen

Die Höhe des Trinkgelds ist von Land zu Land verschieden – auch wann und wem man etwas gibt. Auf jeden Fall sollte man immer ein wenig Kleingeld in Landeswährung bei sich haben. Wer versäumt hat, im Hotel Trinkgeld zu geben, kann das am nächsten Tag persönlich im Nachhinein geben oder in einem Umschlag nachreichen.

Achtung Fettnäpfchen

Schnell kann man im Ausland ins Fettnäpfchen treten und seine Gastgeber beleidigen. Je exotischer das Land, umso wichtiger ist es, sich vorab in speziellen Ratgebern zu informieren, was unbedingt vermieden werden muss.

Tipps für Kärnten

Österreich ist das Land der Titel! Große Unterschiede gibt es zwischen Wien und dem Rest von Österreich – in Wien ist der Handkuss durchaus noch gängig. Es gilt als üblich, die Ehefrau als Frau Hofrätin anzusprechen, wenn ihr Mann den Titel Hofrat trägt. Im Privatleben ist die Anrede „Gnädige Frau" heute noch gebräuchlich – dies gilt vorwiegend in Wien. Die Balltradition wird auch in Kärnten sehr gepflegt – zahlreiche Bälle werden jährlich veranstaltet. Dabei ist es von Vorteil, zumindest ein paar Schritte der klassischen Tänze zu kennen, selbst wenn es bei den meisten Bällen eine Disco gibt.

Geschäftliche Besprechungen werden sehr gerne in einem Kaffeehaus abgehalten. Tracht wird in Kärnten auch im Business getragen, in Wien allerdings nicht. Freundlichkeit, Schmäh und Humor zählen zu den typischen österreichischen Eigenschaften, genauso wie das Jammern, das in rechten Maßen ebenso charmant sein kann.

Tipps für Slowenien

Slowenen wollen immer perfekt sein, immer die Besten – in allem! Vielleicht sind sie auch deswegen sehr gastfreundlich. Nach einem Geschäftsabschluss ist es durchaus üblich, dass die slowenischen Geschäftspartner zu einem Essen oder zumindest zu einem gemeinsamen Drink einladen. Ein Business-Lunch ist wichtig, sollte aber nicht zu lange dauern. Trifft man sich auf einen Kaffee, ist immer Zeit, sich zu setzen. Nicht wie in Italien, wo man den Kaffee an der Bar trinkt.

Modische Kleidung, vor allem Markenartikel, haben hohen Stellenwert bei den jungen Leuten in Ljubljana. Schwarz wird sowohl von Frauen also auch von Männern im Business gern getragen. Außerdem spielen für junge Leute Freizeit, Sport und in den Städten das Fitness-Studio eine große Rolle. Das sind zugleich gute Themen, um mit einem Slowenen ins Gespräch zu kommen oder Smalltalk zu betreiben.

Im Geschäftsleben verwendet man immer die Höflichkeitsform „Sie". Die formelle Ansprache ist sehr wichtig. Auf der Visitenkarte sollten alle akademischen Grade, Titel und Positionen stehen, weil Statussymbole sehr viel gelten. Wird man nicht vorgestellt, übernimmt man es, wie in Österreich und Deutschland, selbst. Die Reihenfolge Vor- und Nachname muss eingehalten werden. Der eigene Titel und die Berufsbezeichnung werden in Slowenien nicht bei der Selbstvorstellung hinzugefügt.

Allgemein sind die Kommunikation und der zwischenmenschliche Austausch im Vergleich zu Österreich direkter. Das Konfliktverhalten ist offensiver, Auseinandersetzungen sind weniger angstbesetzt. Ganz nach dem Motto: Hart in der Sache, weich zu den Menschen. Bildungssysteme haben hohe Leistungsanforderungen und Fremdsprachenkenntnisse werden gefordert und gefördert. Wer in Slowenien arbeiten möchte, punktet mit guten Sprachkenntnissen.

Tipps für Italien

„When in Rome, do as the Romans do!" – diese Regel sollte von ausländischen Gästen beherzigt werden. Wertschätzung gegenüber Italienern wird dadurch zum Ausdruck gebracht, dass man sich den italienischen Verhaltensweisen weitgehend anpasst. „Rispetto" (Rücksichtnahme) ist, wie in Deutschland und Österreich, wichtiger als Floskeln. Italiener ziehen ein Gespräch einem Schriftwechsel vor und legen großen Wert auf zwischenmenschliche Beziehungen. Dazu zählt der Händedruck. Die Art und Weise des Händedrucks prägt ganz entscheidend den ersten Eindruck. Händeschütteln bedeutet bei Italienern Vertrauen.

Anders als in Österreich und unseren nördlicheren Nachbarn bevorzugt der Italiener den geringeren Abstand zu anderen Personen. Sowohl geschäftlich als auch privat stehen die Italiener gern in nahem Abstand zu ihren Gesprächspartnern. Den bei uns üblichen Abstand von ca. einem Meter gibt es nicht. Eine Armlänge Distanz kann schon unpersönlich wirken. Ein weiterer Unterschied besteht in der Intensität des Blickkontakts – er signalisiert das Interesse am Gespräch und am Gesprächspartner. Damit nimmt die nonverbale Kommunikation einen hohen Stellenwert ein. Italiener unterstreichen ihre Botschaften durch ausgeprägte Körpersprache. Übrigens: Es ist beleidigend, jemanden mit dem Zeigefinger heranzuwinken. Besser ist es mit der gesamten Hand nach unten winkend den Kellner zu holen.

Am Strand oder im Restaurant – wenn man jemanden noch nicht lange kennt, ist Smalltalk angesagt. Themen wie Religion, Gesundheit, Politik, Probleme der Korruption, Mafia, italienische Bürokratie und Rassenfragen, Kriege und Unfallberichte aus der Zeitung sind für ein Geschäftsgespräch nicht geeignet. Die Interessensgegensätze zwischen Nord und Süd sollten ebenfalls nicht angesprochen werden.

Der persönliche Stolz der Italiener, ihrer Familien, ihrer Städte oder ihrer Freunde darf niemals verletzt werden. Im Mittelpunkt steht in Italien das Familienleben und es ist immer wieder ein ideales Thema, um ein Gespräch in Gang zu bringen – auch privat. Besonders positiv sind Gespräche über die italienische Kunst, Essen, Wein, Filme, Sport, insbesondere Fußball, Musik – dabei vor allem die Oper –, italienische Architektur und Philosophie.

In Italien wird gern eingeladen! Wer in ein Privathaus zu Besuch kommt – zum Chef oder der Gastfamilie – sollte als kleines Dankeschön einen Blumenstrauß mitbringen (keine Chrysanthemen). Als Gastgeschenke eignen sich ausgesuchte Mitbringsel sowie Geschenke für die Kleinen. Damit liegt man bei den kinderlieben Italienern nie falsch.

Mit zehnminütiger Verspätung zu einem Abendessen einzutreffen ist nicht problematisch. Zwanzig Minuten hingegen wirken bereits unhöflich. Werden aber sehr viele Gäste erwartet, ist eine Verspätung von einer halben Stunde nicht beleidigend.

Dos & Don'ts als Gast bei Italienern

- Die italienische Küche sollte über alle Maßen gelobt werden, was allerdings selten schwerfällt.
- Bereits ein paar Worte in der Landessprache zaubern ein Strahlen auf die Gesichter der Gastgeber.
- Sitten und Gebräuche im Süden sollten respektiert werden.
- Kritik an Land und Politik ist unangebracht.
- Ein Schwips oder Trunkenheit bei geschäftlichen Terminen hinterlassen einen schlechten Eindruck. Besser den Italienern nachmachen: viel Mineralwasser und wenig Wein trinken.

Tipps für Kroatien

Die Kroaten sind sehr gläubig (römisch-katholisch). Das bedeutet, sie besuchen oft die Kirche und leben nach diesen Werten – zumindest mehr als die Österreicher. Sie haben aufgrund der Religion teilweise engstirnig wirkende Anschauungen. Die familiäre Ordnung ist vor allem in ländlichen Gebieten eher hierarchisch; Vater und Mutter sind zu ehren und stehen an oberster Stelle. Das Leben ist nach wie vor traditionell: Man geht eine Partnerschaft ein, heiratet, bekommt Kinder, altert gemeinsam und überwindet zusammen alle Höhen und Tiefen – junge Menschen versuchen aber verstärkt, aus diesem Bild auszubrechen.

Wer Kroaten kennenlernt, gibt ihnen zur Begrüßung die Hand. Üblicherweise küsst man einander dazu links und rechts auf die Wangen (auch Männer), was aber heute nicht mehr von jedem gemacht wird.

Zu Gästen sind Kroaten sehr höflich. Wer zum Essen eingeladen wird, den erwartet ein richtiges Festmahl mit regionalen Spezialitäten, Fisch oder Muscheln. Zum Trinken gibt es meist Wein mit Wasser oder Bier. Am Land ist es üblich, den Wein mit Wasser zu verdünnen. Dazu wird oft kroatische Musik gespielt, die einen hohen Stellenwert hat.

Zu Hause im alltäglichen Leben spielen Kleidung und Make-up keine besondere Rolle. Sobald aber das Haus verlassen wird, ist Styling angesagt. Vor allem die kroatische Frau legt dann sehr viel Wert auf ihr Aussehen. In die Disco oder in die Bar geht es nur von Kopf bis Fuß gestylt.

Erlaubt oder verboten? Die Jugendschutzbestimmungen

Sex, Drugs & Rock 'n' Roll? Ordentlich abfeiern und Gas geben im Urlaub steht auf der Liste ganz oben? Bevor es losgeht, sollte man aber über die Jugendschutzbestimmungen des jeweiligen Landes informiert sein. Eine kleine Aufstellung mit den wichtigsten gesetzlichen Regelungen für Jugendliche gibt einen ersten Überblick.

Ist Jugendlichen der Aufenthalt in Gasthäusern gestattet?

- Italien: Es besteht keine spezifische Vorschrift, die eine Altersbeschränkung festlegt für den Besuch – alleine oder in Begleitung - von Lokalen des Gaststättenbereichs.
- Kroatien: Kinder und Jugendliche unter 16 Jahren müssen zwischen 23 und 5 Uhr von Erwachsenen begleitet werden.
- Slowenien: In der Begleitung der Eltern gibt es keine Beschränkungen.
- Kärnten: Bis zum vollendeten 14. Lebensjahr ist der Aufenthalt an öffentlichen Orten und bei Veranstaltungen bis 22 Uhr erlaubt, in Gaststätten jedoch nur mit Aufsichtsperson bis 1 Uhr.

Ist Jugendlichen der Aufenthalt in Nachtbars oder Clubs gestattet?

- Italien: Ab 16 Jahren erlaubt.
- Kroatien: Ab 18 Jahren erlaubt.
- Slowenien: Ab 18 Jahren erlaubt.
- Kärnten: Ab 18 Jahren erlaubt.

Ab wann darf man Alkohol trinken?

- Italien: Konsum und Verkauf von Alkoholgetränken ist für Minderjährige unter 16 Jahren verboten.
- Kroatien: Konsum und Verkauf von Alkoholgetränken ist für Personen unter 18 Jahren verboten.

- Slowenien: Konsum und Verkauf von Alkoholgetränken ist für Personen unter 18 Jahren verboten. In Geschäften ist der Kauf/Genuss von Alkohol nach 21 Uhr nicht gestattet.
- Kärnten: Bis zum 16. Lebensjahr ist der Genuss von Alkohol verboten. Ab dem 16. Lebensjahr sind der Konsum von alkoholischen Getränken mit einem höheren Alkoholgehalt als 12 Volumprozent und der Alkoholkonsum, die Beeinträchtigungen der Fahrtauglichkeit nach der Straßenverkehrsordnung zur Folge hätte, verboten.

Darf man in der Öffentlichkeit rauchen?

- Italien: Es gilt Rauchverbot in allen öffentlichen Gebäuden. Jugendlichen unter 16 Jahren ist das Rauen generell verboten.
- Kroatien: In Gesundheits-, Erziehungs- und Schuleinrichtungen, sowie Konditoreien ist das Rauchen verboten. Der Verkauf von Tabakwaren an Personen unter 18 Jahren ist verboten.
- Slowenien: Unter 15 Jahren sind das Rauchen und das Kaufen von Tabakwaren verboten.
- Kärnten: Jugendlichen unter 16 Jahren ist der Konsum von Tabakwaren verboten.

Ab welchem Alter wird gearbeitet?

- Italien: Mindestalter 15 Jahre.
- Kroatien: Mindestalter 15 Jahre. Ab 15 Jahren ist für eine Beschäftigung die Erlaubnis der Eltern nötig.
- Slowenien: Mindestalter 15 Jahre.
- Kärnten: Mindestalter 15 Jahre.

Darf man trampen oder per Anhalter fahren?

- Italien: Vom Mitfahren per Anhalter wird abgeraten.
- Kroatien: Vom Mitfahren per Anhalter wird abgeraten.
- Slowenien: Jugendliche dürfen nicht trampen.
- Kärnten: Jugendliche dürfen nicht trampen.

Welche Bestimmungen gibt es bezüglich sexueller Kontakte zu Jugendlichen?

- Italien: Verboten sind sexuelle Beziehungen und Kontakte zwischen Erwachsenen und Minderjährigen unter 14 oder 16 Jahren. Zugelassen sind sexuelle Beziehungen unter Minderjährigen, sofern der Altersunterschied zwischen den beiden Personen keine drei Jahre beträgt, und jedenfalls vorausgesetzt ist, dass keiner der beiden unter 13 Jahre alt ist.
- Kroatien: Eine Geschlechtsbeziehung mit Kindern unter 14 Jahren ist verboten, sowie der Geschlechtsverkehr seitens einer Person, der das Kind zur Beaufsichtigung, Erziehung oder Ausbildung anvertraut ist.
- Slowenien: Sexuelle Beziehungen zu einer Person unter 14 Jahren sind verboten.
- Kärnten: Sexuelle Handlungen mit unter 14-Jährigen sind verboten. Es darf zu Geschlechtsverkehr kommen, ohne dass sich die ältere Person strafbar macht, wenn der Altersunterschied nicht mehr als drei Jahre beträgt, und die jüngere Person bereits 13 Jahre alt ist.

Detail-Informationen:

Italien:
www.bag-jugendschutz.de/PDF/MDA12-Laender_einzeln/Italien.pdf

Kroatien:
www.bag-jugendschutz.de/PDF/MDA12-Laender_einzeln/Kroatien.pdf

Slowenien:
www.bag-jugendschutz.de/PDF/MDA12-Laender_einzeln/Sowenien.pdf

Österreich:
www.bag-jugendschutz.de/PDF/MDA12-Laender_einzeln/Oesterreich.pdf

Kärntner Jugendschutzgesetz:
http://media2.pixelpoint.at/ppm_3dak_bildungsland/lgbl5-98__UPLOAD_0.pdf

Kija Kärnten:
http://www.kija.ktn.gv.at/35981_DE

Gegen alles ist ein Kraut gewachsen

Anti-Heimweh-Tipps von Coach Gabriele Struger

Fernweh verführt uns dazu, die vertraute Heimat zu verlassen, anderes erleben zu wollen und den Alltag für eine Weile gegen neue Erfahrungen auszutauschen. Endlich auf Urlaub kann man dann die neue Umgebung oft gar nicht genießen. Man vermisst das Gewohnte und möchte nur noch eines: wieder zurück nach Hause. Besonders Menschen, die Veränderungen nicht so gerne mögen, können von dieser Sehnsucht nach dem Vertrauten, nach der Heimat befallen werden.

Gabriele Struger, Businesscoach, reist selbst gerne und hat einige Tipps gegen Heimweh.

Den Begriff „Heimweh" kennt man bereits seit dem späten 17. Jahrhundert, als dieses Gefühl Soldaten häufig krankmachte. Heute versteht man darunter einen Gefühlszustand, der Menschen jeden Alters treffen kann und der sich als Lustlosigkeit, Antriebsschwäche oder depressive Verstimmung zeigt. Manche Menschen bekommen auch körperliche Beschwerden wie Bauch- und Kopfschmerzen, Schlafstörungen und Panikattacken. Alles, was man nicht gewohnt ist, kann Heimweh auslösen: Das können sowohl ungewohntes Essen, ein anderer Schlafplatz, neue Bezugspersonen als auch andere Regeln und Sitten sein.

Daher sollte man sich vor einer Reise folgende Fragen stellen:

- Warum unternehme ich diese Reise? Will ich es wirklich tun oder schließe ich mich jemanden (der Klasse, Freunden oder Eltern) nur aus Gefälligkeit an?
- Was will ich aus dem Urlaub an Eindrücken und Erfahrungen mit nach Hause nehmen?
- Was möchte ich erleben – und vor allem mit wem?
- Was brauche ich an persönlichen Kompetenzen für diese Reise?
- Was traue ich mir zu, was möchte ich mir keinesfalls zumuten?

Man sollte nicht im „Ich muss-Schema" denken, denn dann wird man zum Opfer der Umstände. Besser „Ich will und ich darf" – denn mit dieser Einstellungen macht man sich zum selbstverantwortlichen Gestalter der Situation.

Heimweh während der Reise:

- Gefühle ausleben: Zeigen, wenn man traurig ist, lachen, wenn man glücklich ist, singen und tanzen, wenn einem danach ist! Anderen Gefühle und Bedürfnisse mitteilen.

- Nicht von negativen Stimmungen anderer anstecken lassen: Wenn jemand ständig jammert oder gehässig ist, sollte man sich einfach distanzieren.

- Sich selbst mit all den Gefühlen ernst nehmen: Verdrängte Gefühle kommen immer wieder hoch. Man sollte sich überlegen, was der Grund für das Heimweh ist. Oft steckt dahinter eine Missstimmung der Mitreisenden. Schafft man es, Konflikte zu klären, ist auch das Heimweh meist ganz rasch vergessen.

- Sich an die eigenen Ziele erinnern und Eindrücke sammeln, die man sich vorgenommen hat.

- Nicht zurückziehen, sondern soziale Kontakte am Urlaubsort knüpfen. Heimweh ist oft ein sehr spontanes Gefühl, das verschwindet, wenn man aktiv wird.

- Die neue Umgebung erkunden und sich mit der der fremden Kultur vertraut machen.

- Lächeln! Lächeln entspannt, macht sympathisch und hebt die Stimmung.

- Kleine Glücksmomente sammeln und in das Reisetagebuch oder den On-Tour-Blog schreiben. Damit fokussiert man die schönen Urlaubsseiten und speichert positive Gefühle ab. Der kürzeste Weg zu sich selbst führt manchmal über den Weg in die Fremde.

- Belastende Gefühle von der Seele schreiben. Erleichtert und befreit!
- Fotos von den Liebsten in der Brieftasche bei sich tragen oder aufs Handy laden. Lieblingsmusik mitnehmen!

Ein kleines Trostpflaster…

Mit Heimwehgefühlen steht man nicht alleine da! Heimweh zu haben ist völlig normal! Manche erwischt es bald, manche erst nach Wochen – aber fast jeden erwischt es bei längeren Aufenthalten irgendwann. Und ganz ehrlich: Wessen Herz öffnet sich nicht weiter, wenn man wieder heimatlichen Boden betritt? Eine Freundin von mir drückte es einmal so aus: „Ich verreise gerne, aber es macht mich unheimlich glücklich, wenn ich bei meiner Heimkehr die Karawanken wiedersehe, wenn ich mein erstes Wiener Schnitzel essen und in meinem eigenen Bett schlafen kann…“

Selbst zum Reiseblogger werden: So geht's!

Wer sich die Welt ansieht, erlebt viel und will diese wertvollen Erfahrungen auch mit Familie und Freunden teilen, die vielleicht nicht in unmittelbarer Nähe sind. Tolle Möglichkeiten bieten dafür die neuen Kommunikationsmittel, besonders das Internet. Es geht einfach nicht mehr ohne, weshalb auch dieser Reiseführer interaktiv und multimedial angelegt ist. Auf www.ichlese.at/ontourblog wurde ein eigener „On Tour-Blog“ eingerichtet. Darauf gibt es viele weitere Informationen und Tipps, die in dem Buch nicht mehr Platz gefunden haben. Darüber hinaus kann jeder Leser seine eigenen Eindrücke, Reiseberichte, Bilder oder Videos online stellen. Wie? Ganz einfach: ein Klick auf die Homepage, kostenlos anmelden und ab geht's.

Checkliste für das „On Tour-Bloggen“

- Textlänge: Ein Blogbeitrag sollte nicht allzu lange sein. Ideal ist eine Bildschirmseite mit rund 1500 Zeichen, der Text kann natürlich auch kürzer sein. Sehr lange Texte können auf mehrere Blog-Einträge aufgeteilt werden – beispielsweise „HAK: Klassenfahrt der 3b nach Maribor Teil 1“, „HAK: Klassenfahrt 3b nach Maribor Teil 2“
- Überschrift: Der Titel sollte kurz und bündig sein sowie neugierig auf den Inhalt machen.
- Verortung: Immer erwähnen, um welche Reise es sich handelt, was das Reiseziel war und was unternommen wurde.
- Inhalte: Gefragt sind sowohl allgemeine Reiseberichte als auch kurze Beiträge über Insidertipps, besondere Schwerpunkte oder Erlebnisse.
- Bilder, Audio und Video: Fotos, Videos oder Audio-Dateien machen den Blogbeitrag um ein Vielfaches interessanter!

Tipps für Gruppenleiter und Lehrende

Blogs können perfekt für das selbstorganisierte Lernen, die Reflexion, Dokumentation und Nachbearbeitung eines Ausfluges oder einer Reise eingesetzt werden. Auch der „On Tour-Blog" kann ideal als Online-Lerntagebuch genützt werden - ohne viel Aufwand. Im Internet können die Mitreisenden einzeln oder in Gruppen Persönliches oder Informatives weitergeben, sich über Erfahrungen und Erlebnisse austauschen. Das Bloggen fördert die aktive Autorenschaft der Jungen. Motivation und die Schreibhaltung ändern sich schlagartig, wenn die Schüler wissen, dass nicht nur der Lehrende mitliest. Allerdings muss hierzu vor der Beginn der Reise genau vorgegeben werden, welche Notizen unterwegs zu machen sind, wie viele Beiträge geschrieben und welche Schwerpunkte dabei gesetzt werden sollen. Weiters ist zu klären, ob reisebegleitend gebloggt wird oder erst danach. Geben Sie Ihren Schützlingen kleine Aufgaben mit auf dem Weg: Eine Fotoreportage oder ein Interview mit einem Einheimischen bieten sich dafür an. Hilfreich ist ein Reisetagebuch mit zwei Spalten. In einer Spalte werden jeden Tag die Zahlen, Daten, Fakten (ZDF) zur Reise festgehalten, in der zweiten Spalte Kreatives, Eindrücke und Besonderes (KEB). Planen Sie pro Tag zehn bis zwanzig Minuten Zeit ein – so kann das Tagebuch in Ruhe geschrieben oder die Artikel für den Blog vorbereitet werden. Weitere Tipps gibt es online!

Ins Internet, fertig, los!

Ich selbst werde regelmäßig neue Routen und Trips ins Netz stellen und freue mich schon auf einen interaktiven Austausch mit Ihnen! Übrigens, „On Tour" ist auch auf Facebook!

Kärnten

„In die Natur gehen, die Stadt unsicher machen und zu Hause bei Freunden chillen, das tun wir am liebsten."

(Michael 19, Klagenfurt)

Kärnten ist anders. In vielerlei Hinsicht. Das südlichste Bundesland Österreichs ist umringt von Bergen und reich an Seen mit Trinkwasserqualität. Auf beides sind die Kärntner besonders stolz. Auf rund 10.000 Quadratmeterkilometern gibt es alles, was das Sportlerherz begehrt: Wandern, Klettern, Schwimmen, Eislaufen, Schifahren, Radln… aber die Kärntner verstehen es auch, Feste zu feiern. Ironman Austria Triathlon, Beachvolleyball World Tour, Wörthersee Classics, Harley-Treffen, Trigonale, Fête Blanche, Auto News Reifnitz, Villacher Fasching, Villacher Kirchtag oder das mittelalterliche Spectaculum – die kleinen und großen Events gelten als Treffpunkt.

Hot City: Klagenfurt

> „Wer gerne Englisch spricht, sollte ins Claddagh gehen, ein Irish Pub mit vielen guten Jazzkonzerten – oder man geht einfach zum Chillen hin. Zum Shaken geht man ins Strass oder Kamot."
>
> *(Clara, 17, Klagenfurt)*

Klagenfurt, die Landeshauptstadt von Kärnten, ist ein bunter Mix aus Tradition und Moderne. Geschichtsträchtige Gebäude reihen sich neben moderner Architektur ein und verleihen der über 800 Jahre alten Stadt einen eigenen unvergesslichen Charme. Dazu trägt auch der Wörthersee mit seinem mediterranen Flair bei. Egal, ob im Sommer oder Winter, der See spielt eine wichtige Rolle im Leben der jungen Klagenfurter, genauso wie die pulsierende Alstadt.

Cache the city!

Geocaching ist eine elektronische Schnitzeljagd oder Art Schatzsuche. Mittels GPS-Koordinaten aus dem Internet macht man sich mit einem GPS-Empfänger auf den Weg, um Verstecke (Caches genannt) zu suchen. Dieses Geocache ist meist ein wasserdichter Behälter, in dem sich ein Logbuch und verschiedene Tauschgegenstände befinden. Jeder trägt sich ein und lässt den Cache für den Nächsten zurück. Dabei geht es aber oft weniger um den Inhalt als um den Weg dorthin. Viele Routen führen zu versteckten Aussichtspunkten oder besonders schönen Plätzen in der Natur. Bewegung und das Kennenlernen interessanter Orte stehen im Mittelpunkt. In Österreich gibt es tausende aktive Caches, in Klagenfurt und Klagenfurt-Umgebung gibt es ebenfalls zahlreiche davon. „Cache and the City Klagenfurt" ist zum Beispiel ein idealer Cache, um die Stadt Klagenfurt näher kennenzulernen. Mit dem GPS-Empfänger in der Hand geht es auf zu den wichtigsten Sehenswürdigkeiten und nebenbei entdeckt man auch andere „Schätze".

Must-know: Ein bisschen Geschichte

- Die Gründung Klagenfurts ist sagenumwoben. An jener Stelle, wo einst der gefürchtete Lindwurm erlegt wurde, soll die Stadt entstanden sein. Klingt schön, doch so ganz romantisch war es wohl doch nicht.

- Erste Siedlungstätigkeiten gab es bereits zwischen 2000 und 4000 v. Chr. Später war Kärnten das Zentrum des mächtigen keltischen Staates Noricum. 15 v. Chr. wurde Noricum Teil des Römischen Reiches, Virunum, eine Römerstadt in der Nähe, zum Bischofssitz.

- 1142 gründete Graf Bernhard das Zisterzienserkloster in Viktring, Jahre danach wurde die „Siedlung an der Furt" das erste Mal urkundlich erwähnt.

- Im Jahr 1240 verlegte Bernhard von Spanheim das Stadtzentrum in den Bereich des heutigen Alten Platzes. 1252 erhielt Klagenfurt das Stadtrecht. Die Burg zu Klagenfurt wurde 1268 erstmals erwähnt.

- Im Mittelalter herrschten in Klagenfurt raue Sitten, das große Feuer am 30. Juni 1514 legte die Stadt in Schutt und Asche. 1518 schenkte der Habsburger Kaiser Maximillian I. die Stadt den Kärntner Landesständen. Mit den neuen Stadtherren wurde Klagenfurt Schritt für Schritt wieder aufgebaut und bis ins Jahr 1592, mit dem Neuen Platz als Zentrum, nach den Plänen des italienischen Baumeisters Domenico dell'Allio modernisiert. Der Lendkanal wurde ausgehoben und füllte die Stadtgräben mit Wasser. Der Lendkanal diente als „Wasserstraße" zum Wörthersee.

- 1797 marschierten erstmals französische Truppen in Klagenfurt ein.

- Die Neuzeit und der Ausbau des Eisenbahnnetzes brachten neue Impulse.

- Von 1918 bis 1920 wehrte sich die Kärntner Bevölkerung im sogenannten Abwehrkampf gegen die vor allem in den südlichen Landesteilen einmarschierenden Nachbarn.

- Am 10. Oktober 1920 gab es im Grenzgebiet eine historische Volksabstimmung. 59 Prozent der dort ansässigen Kärntner Slowenen plädierten für den Verbleib bei Österreich.

- Nach dem Ersten Weltkrieg (1914 bis 1918) verlor Kärnten den direkten Zugang zum Meer. Viele Prunkstücke der Stadt wurden im Zweiten Weltkrieg zerstört.

- 1961 wurden die Wiener Gasse und die Kramergasse zur ersten Fußgängerzone Österreichs.

- 2008 war Klagenfurt (gemeinsam mit anderen Städten) Austragungsort der Europameisterschaft im Fußball.

Must-see: Die Sehenswürdigkeiten

- Das Landhaus wurde zwischen 1574 und 1594 anstelle der ersten Burg der Stadt erbaut. Heute hat der Kärntner Landtag seinen Sitz im Landhaus. Der berühmte Wappensaal des Landhauses wurde um 1740 nach einem großen Stadtbrand erbaut. An den Wänden gibt es hunderte Wappen der Kärntner Landesstände und Burggrafen zu bestaunen.

- Auf dem Dr.-Arthur-Lemisch-Platz steht das Denkmal zu Ehren von Herzog Bernhard von Spanheim, einem der Gründerväter der Stadt.

Das Wahrzeichen von Klagenfurt: der Lindwurm

- Der Alte Platz ist das historische Zentrum der Stadt. Die alten Fassaden und Innenhöfe sind eine ideale Kulisse zum Bummeln.

- Kleinere Gassen führen vom Alten Platz weg zu historisch bedeutsamen Gebäuden. Schlendert man etwa die Herrengasse entlang, kommt man zum liebevoll renovierten Palais Helldorf. Einst wohnte hier General Napoleon Bonaparte. In den Innenhöfen haben sich viele In-Lokale angesiedelt.

- Das Stadttheater, erbaut von den Architekten Helmer und Fellner, aus 1910 ist eines der schönsten Jugendstil-Gebäude der Stadt. Auf der Rückseite ist ein moderner Zubau des Kärntner Architekten Günther Domenig.

- Das Stadthaus wurde im 18. Jahrhundert errichtet. Heute werden in den zwei Galerien im Haus Ausstellungen gezeigt, und unzählige Paare geben sich im romantischen Trauungssaal das Ja-Wort.

- Das Künstlerhaus gilt als der schönste spätsecessionistische Bau in Kärnten und wurde 1914 vom Architekten Franz Baumgartner errichtet.

- Den Stadtpfarrturm am Pfarrplatz mit den rund 200 Stufen kann man zu Fuß erklimmen. Traumhafter Blick auf Klagenfurt und den Wörthersee! Zur vollen Stunde erklingt das Glockenspiel der Stadtpfarrkirche.

- Das Wörtherseemandl, eine Sagenfigur, sowie ein Bodenmosaik mit allen Wappen der Partnerstädte von Klagenfurt, sind in der Kramergasse zu sehen.

- Der Neue Platz erhielt 2008 einen komplett neuen Look. Außer dem Lindwurm und der Maria-Theresia-Statue blieb kein Stein auf dem anderen. Auf der Westseite des Platzes sieht man das Neue Rathaus, ehemaliges Palais Rosenberg.

- Die „Burg“, erbaut 1586, beherbergt heute das Museum Moderner Kunst Kärnten. Im großen Arkadenhof finden immer wieder Open-Air-Veranstaltungen statt.

- Der Klagenfurter Dom, die Kathedralkirche des Bischofs der Diözese Gurk, wurde ursprünglich als eine der ältesten evangelischen Kirchenbauten gemeinsam mit einem im Westen angeschlossenen Spitalsbau errichtet (1578-1591).

- Der Benediktinerplatz mit dem Steinernen Fischer ist der ideale Ort für eine Pause mit günstigen und gesunden Köstlichkeiten aus der Region.

- Der Lendhafen mit dem Lendkanal ist ein beliebter Verkehrsweg. Per Lendwurm, einem umweltfreundliches Elektroboot, per Rad, Inlineskates oder zu Fuß geht's direkt ans Ufer des Wörthersees – in sehr kalten Wintern sogar mit Eislaufschuhen!

- Ein Dauerbrenner bei Groß und Klein ist der Themenpark Minimundus.

- Gleich um die Ecke wartet im Reptilienzoo Happ die größte Reptilienschau Österreichs.

- Wer lieber in die Sterne schaut, ist im Planetarium richtig.

- Besonders empfehlenswert ist ein Spaziergang entlang der Seepromenade.

- Alle Musikinteressierten kommen im E-Boardmuseum auf ihre Kosten.

- Tolle Ausstellungen, multimedial aufbereitet, gibt es im Kärntner Landesmuseum.

- Ein beliebtes Naherholungsgebiet der Klagenfurter ist das Kreuzbergl. Am höchsten Punkt des Klagenfurter Hausberges (517 m) steht die Sternwarte.

Tipp: Kostenlose Stadtführungen für Leute, die in Klagenfurt nächtigen, gibt es das ganze Jahr gegen Voranmeldung im Tourismusamt Klagenfurt im Neuen Rathaus. Im Juni, Juli und August startet jeweils am Freitag und Samstag um 10 Uhr eine kostenlose Führung – ebenfalls beim Tourismusamt.

Na dann, gute Nacht!

Auf den ersten Blick scheint das Übernachten in Klagenfurt recht teuer. Doch wer im Urlaub das Geldbörserl schonen möchte, findet sowohl in der City als auch direkt am See schöne und preisgünstige Unterkünfte. Ein paar Tipps:

Innenstadt:

► **Hotel Geyer**
Priesterhausgasse 5, Klagenfurt
www.hotelgeyer.com
Ein kleines und günstiges Hotel mitten in der Stadt ist das Hotel Geyer. Zu Fuß erreicht man rasch die Klagenfurter Innenstadt. Plus: Leckeres Frühstücksbuffet und eigener Parkplatz.

► **Gästehaus Kolping**
Enzenbergstraße 26, Klagenfurt
www.kolping-klagenfurt.at
Alle Zimmer sind modern ausgestattet mit Dusche/WC und Internet. Für Singles gibt es Einzelzimmer mit Kochnische. Großes Frühstücksbuffet, im Sommer auch im Innenhof!

► **Pension Kölich**
Keutschacher Straße 7, Klagenfurt
www.pension-koelich.at
Der Familienbetrieb liegt am Stadtrand von Klagenfurt (6 Kilometer zum See, 3,5 Kilometer in die Stadt) mit guter Busverbindung. Gruppen bis 31 Personen sind möglich, die Zimmer haben verschiedene Ausstattung, sind sehr gepflegt, inkl. Frühstück. Auch Hunde sind erlaubt!

► **Appartements Angelika Grillitsch**
Alter Platz 9, Klagenfurt
www.alterplatz.net
Mitten am Alten Platz kann man sich eine Ferienwohnung mieten. Die Appartements befinden sich unter einem romantischen Arkadengang und bestehen aus einem kleinen Vorraum, einer Küche, einem Schlafzimmer und einem Badezimmer.

Der Sandwirth, **** Hotel

Pernhartgasse 9, Klagenfurt
www.sandwirth.at
Wer in Klagenfurts Altstadt stilvoll nächtigen möchte, kann dies im Traditionshotel Sandwirth tun. Elegante Zimmer und der legendäre Sandwirth-Pudding sorgen für einen tollen Aufenthalt. Für alle, die im Urlaub ein wenig mehr für das Hotel ausgeben können und wollen.

See-Nähe:

► Lindner Seepark Hotel - Congress & Spa, **** Hotel

Universitätsstraße 104, Klagenfurt
www.lindner.de
Das Lindner Seepark Hotel-Congress & Spa liegt inmitten einer wunderschönen Lagune direkt am Lendkanal, rund 500 Meter zum Ostufer des Wörthersees, gegenüber der Uni, mit Day-Spa. Luxus für zwischendurch!

Unterkunft am Wasser: Hotel Lindner

► Campingplatz Strandbad Klagenfurt

Stadtwerke Klagenfurt AG
Metnitzstrand 5, Klagenfurt am Wörthersee
www.tiscover.at/camping-klagenfurt
Ultimative Seenähe zum kleinsten Preis: Direkt am See liegt der Campingplatz Klagenfurt. Strandbad, Beach-Volleyball, Radweg, Bushaltestelle – alles direkt vor der Nase. Vor allem im Sommer ein Muss!

► Jugendgästehaus Klagenfurt

Neckheimgasse 6, Klagenfurt am Wörthersee
www.oejhv.or.at/quartier/9020/9020.htm
Das Jugendgästehaus Klagenfurt wurde in einer Bewertung zur viertbesten Jugendherberge von weltweit 4500 Häusern gewählt. Hierbei spielt sicher auch die Lage eine Rolle: In der Nähe sind Universität, Europapark, Wörtherseee, Minimundus, Lendkanal, Planetarium und

Reptilienzoo. Dank der guten Busverbindungen ist man in ein paar Minuten in der Innenstadt. Plus: Frühstück, Mittag- und Abendessen sowie Parkplatz.

► **Studentenheim Nautilus**
Nautilusweg 11, Klagenfurt
www.home4students.at
Gegenüber von der Universität gibt es im Studentenheim von Juli bis September preisgünstige Zimmer, die tageweise oder monatsweise gemietet werden können. Pluspunkt: die tolle Lage!

Für den Notfall:

► **JUNO Jugendnotschlafstelle**
Platzgasse 18, Klagenfurt (Nähe Bahnhof, Nähe Hallenbad)
täglich (365 Tage/Jahr) von 19 bis 9 Uhr
Aufnahme täglich von 19 bis 24 Uhr, (in dringenden Fällen auch nach 24 Uhr möglich)
Tel.: 0650/980 93 43, E-Mail: notschlafstelle@gmx.at
Für Jugendliche zwischen 12 und 21 Jahren, die auf der Straße stehen, unabhängig von ihrer Herkunft.

• Angebot: Schlafplatz innerhalb eines bestimmten Zeitrahmens, Möglichkeit zur Körperhygiene, sichere Verwahrung persönlicher Sachen, kleine Speisen, Frühstück, betreuter Aufenthaltsraum während der Öffnungszeiten, Aktivierung des Unterstützungssystems, Schlafräume, getrennt nach Geschlechtern, Aussprachezimmer, Küchenblock, WC, Dusche.

i W-LAN-Internet in Kärnten

WLAN steht für Wireless Local Area Network (drahtloses lokales Netzwerk) und ermöglicht den kabellosen Zugang zum Internet. Sehr viele Kärntner Tourismusbetriebe – angefangen beim Café bis hin zu Hotels – bieten Gästen bereits Hotspots, an denen man sich mit dem Laptop ganz einfach ins Internet einwählen kann. Wo genau es diese Hotspots gibt, sieht man auf der Übersichtsichtskarte auf www.wkk.or.at/wk_aktionen/wlan/wlan_anbieter.html. Hier werden kostenlose und kostenpflichtige Hotspots in ganz Kärnten angezeigt und ständig aktualisiert.

Coffee to go oder sitzen bleiben und das Treiben auf der Bahnhofstraße beobachten – im Como.

Da schmeckt's uns!

Auf einen Kaffee gehen, gemütlich in der Sonne sitzen und sich mit Freuden austauschen – das kann man besonders gut in der Klagenfurter Innenstadt. Südlicher Lifestyle zählt am Alten Platz. Hier trifft man sich zu jeder Jahreszeit und sitzt im Freien. Palmen und ein Caffè Latte lassen Italo-Feeling aufkommen. Ruhiger geht es in den schattigen Gastgärten der Innenhöfe zu. Sie sind versteckt in den Gässchen und kleinen Plätzchen der Stadt. Ob bei Tag oder Nacht, in der Innenstadt gibt es verschiedene Cafés, Bars, Clubs, Restaurants, Fast-Food-Ketten und Gasthäuser. Einfach ausprobieren – für jeden Geschmack ist etwas dabei.

Café, Eis und Frühstück

► Bar Italia

Alter Platz, Klagenfurt

Sehen und gesehen werden – das ist Motto der Bar Italia am Alten Platz und in den Klagenfurter City Arkaden. Hier zeigt sich Klagenfurt von seiner italophilen Seite. Egal zu welcher Jahreszeit, wer in ist, sitzt draußen!

► Cafébar Moser Verdino

Domgasse 2, Klagenfurt
Frühstücksbuffet oder Brunch bis in den späten Vormittag, im Moser Verdino ist alles möglich. Ein Klassiker unter den Kaffeehäusern.

► Café Renaissance

Burgasse 7, Klagenfurt
In einer schönen Altstadt-Passage mitten in der Stadt liegt das Café Renaissance. Ein nettes Café zum Verweilen, mit guter Qualität zum fairen Preis.

► Café am Platz

Neuer Platz 9, Klagenfurt
Das „Platzal" ist seit Generationen ein beliebter Treffpunkt für Junge. Nach dem Unterricht, in der Mittagspause oder abends zum Blind-Date, hier hat schon so manche aufregende Geschichte begonnen. Tipp: Langschläfer-Frühstück, Sonntag von 9 bis 14 Uhr.

► Café Como

Bahnhofstraße 15, Klagenfurt
www.como1.at
Der beste Platz, um das bunte Treiben in der Klagenfurter Bahnhofstraße zu beobachten, ist die stylische Kaffeebar „Como coffee & more". Inhaber Heinz Steinhauser brachte mit dem Lokal internationales Flair in die Altstadt und begeistert mit hippen Smoothies, Chai Latte und frischen Bagels.

► Wienerroither am Bahnhof

Hauptbahnhof, Walther-v.-d.-Vogelweide-Platz 1, Klagenfurt
Wienergasse 7, 9020 Klagenfurt
www.wienerroither.com
Auf der Pirsch nach gutem Kaffee, frischem Gepäck und leckeren Mehlspeisen (Haustorte) ist der Wienerroither die erste Anlaufstelle. Am Bahnhof von Montag bis Samstag von 6 bis 20 Uhr, Sonntag von 7 bis 20 Uhr.

► Konditorei Hutter

Alter Platz 11, 9020 Klagenfurt
Mitten im Stadtzentrum verwöhnt die Konditorei Hutter mit süßen Leckereien und duftendem Kaffee. Wer hier keine Torte isst, ist selbst schuld!

► Arcobaleno

Wiener Gasse 11, Klagenfurt

Cool ist das Arcobaleno nicht nur wegen der modernen Plastikstühle im Freien. Der italienische Eissalon punktet mit dem besten Eis der Stadt und einer riesigen Auswahl. Bei über 40 Eissorten hat man wirklich die Qual der Wahl!

► PrincS

Heuplatz 1/Wiener Gasse 11, Klagenfurt

Wer neue Leute kennenlernen möchte, geht ins PrincS. Lässig an der Bar, bequem an den Tischen oder mit Ausblick im Freien – es ist Tag und Nacht ein beliebter Treffpunkt. Plus: Frühstück und Mittagsmenü!

► Café Roberts

Villacher Straße 16, Klagenfurt

Originell anders ist das Roberts. Im kleinen Café trifft man sich mit Freunden auf einen Cappuccino mit Schaummuster oder schnappt sich einen der wenigen Plätze im Freien und beobachtet das Verkehrsgeschehen in der Villacher Straße.

► Lendhafencafé

Villacher Straße 18, Klagenfurt

Das Lendhafencafé ist ein typisches Studenten- und Künsterlokal. Zeitungen und kleine Tischen laden zum Relaxen ein, der supersüße Innenhof ist ein wahrer Geheimtipp und die Top-Location für ein Frühstück in den morgendlichen Sonnenstrahlen.

► Café Lounge Bar Onyx

im Schloss Maria Loretto

Montag, Dienstag Ruhetag, sonst 10 bis 22 Uhr

Ein Besuch lohnt sich schon alleine wegen dem Ausblick: Im renovierten Schloss Maria Loretto, direkt am Wörthersee, ist das Café Lounge Bar Onyx vor allem bei Schönwetter ein echtes Highlight. Unbedingt auf die Terrasse setzen!

► CD Café Bar Pankraz

8.-Mai-Straße 16, Klagenfurt

Alternativ – das ist das Pankraz seit Jahren. Hier treffen sich Musikfans zum Chillen und Surfen im Netz.

Essen – gut & günstig

In Klagenfurt kann man gut und günstig essen – man muss nur wissen, wo. In der Innenstadt gibt es viele gute Kebab-Buden, Fast-Food-Lokale, Schnitzelwelten, Pizza- und Nudel-Stationen sowie leichtes Asiatisches. Wer nächtens Lust auf ein heißes Würstel hat, sollte am Heiligengeistplatz vorbeischauen. Und für alle anderen Gelüste:

► Pizzeria Firenze

Bahnhofstraße 18, Klagenfurt
Durchgehend warme Küche 11.30 bis 24 Uhr
Hier kann man günstig italienisch schlemmen: Pizze, Nudelgerichte und noch viel mehr.

► Uni Pizzeria

Universitätsstraße 33, Klagenfurt
Öffnungszeiten: täglich 11 Uhr bis 24 Uhr
Typisch italienisches Ambiente mit Pizza direkt aus dem Steinofen, diverse Fischspezialitäten, Nudelspezialitäten (alle Nudelgerichte hausgemacht aus eigener Erzeugung).

► Mexican Cantina Salud

St.-Veiter-Straße 6, Klagenfurt
Auch Lieferservice!
www.salud.at
Das Salud bietet Latino-Musik aller Richtungen und authentische Tex-Mex-Gerichte. Zu Mittag gibt es Menüs zu kleinen Preisen. Täglich von 17 bis 20 Uhr und von 23 bis 1 Uhr gibt es Happy Hour mit super-günstigen Cocktails. Ideal für kleine Feiern!

► Fallaloon China Restaurant

Völkermarkter Straße 225, Klagenfurt
Auch Lieferservice!
www.fallaloon.at
Leckere Spezialitäten aus China, Thailand, Indonesien und ein reichhaltiges Sushi-Angebot begeistern die Besucher des Fallaloons. Viele Gerichte aus dem Wok direkt auf den Tisch. All-you-can-eat-Menüs und ein reichhaltiges Buffetangebot werden geboten. Weiters gibt es Sushi-Partys und einen Catering-Service.

► Kärntner Hamatle
Linsengasse 1, Klagenfurt
www.kaerntnerhamatle.at
Essen wie bei Omi: Auf der Speisekarte steht überwiegend Hausmannskost aus der Region. Gerade Fans der deftigen Küche kommen hier die ganze Woche auf ihre Kosten: Samstag ist Schweinsbraten-Tag!

► Osteria Panta Rhei
Universitätsstraße 25, Klagenfurt
Montag bis Freitag, 11.30 bis 24 Uhr, Durchgehend warme Küche
www.osteria-panta-rhei.at
Das beliebte Studentenrestaurant in Uni-Nähe besticht nicht nur durch brieftaschenfreundliche Preise, sondern vor allem durch gesunde und frische, italienische Kost. Die freundliche Atmosphäre und der schöne Gastgarten laden dazu ein, auf genussvolle Weise die Seele baumeln zu lassen.

► Markthalle Klagenfurt, Stand 17
Marktlokal, Benediktinerplatz, Klagenfurt
Für wenig Geld ein schnelles Mittagsmenü auf Hausmannskost-Basis? Da ist man in der Markthalle am Benediktinermarkt richtig. Der Retro-Look mit den Plastiktischtüchern versetzt einen zusätzlich in Omas Zeiten zurück, zudem macht die freundlich-schräge Bedienung Lust darauf, wiederzukommen.

► Bierhaus zum Augustin
Pfarrhofgasse 2, Klagenfurt
Öffnungszeiten: 11 – 24 Uhr, sonn- und feiertags geschlossen
Das Augustin hat's einfach in sich! Mittlerweile ist das urige Wirtshaus zum Treff für Eingesessene schlechthin geworden. Das kommunikative Ambiente mit den Gewölben lädt zu langen Unterhaltungen bei deftigen Speisen und herzhaften Getränken ein. Der Augustin kann sich überdies mit einer Vielzahl an Bieren schmücken.

► Pumpe („Gasthaus zum Großglockner“)
Lidmanskygasse 2, Klagenfurt
Sonntag Ruhetag
Der „Pumpe“ ist ein Unikat in Klagenfurt. Die urige Gastwirtschaft gibt es seit 1882. Auf den Tisch kommen Bier und deftige Hausmannskost. Die Bedienung ist eigen, aber das ist schließlich auch das, was den „Pumpe“ ausmacht.

► **Mensa Universität Klagenfurt**
Universitätsstraße 90, Klagenfurt
Montag bis Freitag 11.30 bis 14.30 Uhr
www.mensen.at
Ein Tagesmenü ab 4,10 Euro gibt es in der Uni-Mensa. Es ist zwar Selbstbedienung angesagt, dafür gibt aber es ein reichhaltiges Angebot - Grillcorner und Brainfood inklusive.

► **Nordsee**
Neuer Platz 4, Klagenfurt
Montag bis Freitag 9 bis 19 Uhr, Samstag von 9 bis 17 Uhr
Superleckere Fish-Snacks und Menüs gibt es mitten in der Klagenfurter Fußgängerzone beim Nordsse. Augen offenhalten nach den Aktionsangeboten inklusive Getränk!

► **Interspar Restaurants**
Durchlassstraße 4, Rosentalerstraße 136, Klagenfurt
Montag bis Freitag 10 bis 19.30 Uhr, Samstag 10 bis 18 Uhr
Hier gibt es den ganzen Tag Buffet nach Wahl – ein Insidertipp: ab 17 Uhr gibt es 50 Prozent Ermäßigung auf alle Speisen.

► **Lebi's Leberkäs'-Tradition**
Waaggasse 8 und Osterwitzgasse 3, Klagenfurt
Wer auf Leberkässemmel schwört, ist hier richtig: Leberkäs mit Chilli, Käse, Spinat, Pizza, von der Kuh, Schwein oder Pferd – über 12 Sorten pimpen jede Kaisersemmel auf.

i Tanzen, feiern und kennenlernen

Der Sommer ist heiß und gehört den großen Events: Wörthersee Classics, Tage der deutschsprachigen Literatur, Musikforum Viktring, Wörtherseefestspiele, Ironman, Stadtfest oder Altstadtzauber mit nächtlichem Flohmarkt sind die Fixstarter. Dazu kommen zahlreiche kleinere Open-Air-Veranstaltungen in den kühlen Innenhöfen der Stadt. Etwas außerhalb von Klagenfurt wird im August mitten in einem Sonnenblumenfeld „geackert". Beim Ackern trifft man seine Freunde, chillt am Lagefeuer, relaxt zu Live-Musik, sitzt auf Heuballen, genießt Ackerbier und Würsteln. In Villach wird bereits im Juli geackert.

Partystimmung beim Beachvolleyball

That's the way aha aha I like it!

Baggern ist ein Muss für alle Partypeople. Mitten im Hochsommer verwandelt sich das Klagenfurt Strandbad in einen riesigen Sandplatz. Durchtrainierte und braungebrannte Sportler schmettern den Ball und werden von begeisterten Fans angefeuert. Die Tribüne wird zur Partyzone, die Stimmung brodelt bereits am Vormittag, Hip-Hop- und Samba-Sounds inklusive.

Beschwingt durch den Winter

In den kalten Monaten feiern die Klagenfurter die Nächte sehr gerne auf Bällen durch. In festlichen Ballkleidern und schicken Anzügen wird nicht nur zu klassischen Tänzen das Tanzbein geschwungen – auch in der Diskothek wird abgerockt. Eine Vielzahl von Bällen findet im Konzerthaus, in den Messehallen oder in der Universität statt. Die Vorweihnachtszeit ist geprägt durch den Christkindlmarkt. Man trifft sich bei einem der vielen Weihnachtsstände auf einen Punsch, der von innen wärmt und macht danach die Lokale in der Stadt unsicher. Mehr als 60 Veranstaltungen finden auf der Adventbühne statt, von Gospel bis Christmas-Pop ist alles vertreten. In Klagenfurt beginnt der Jahreswechsel am Nachmittag des Silvestertages. Schon kurz nach dem Mittagessen geht's in der Innenstadt los mit Stimmung, Spaß und einem Live-Programm. Abends werden die Straßen zu Silvesterpfaden, trotz der Kälte begrüßt man lebendig das neue Jahr am Alten Platz, Pfarrplatz, Landhaushof und Neuen Platz.

Bla-Bla muss sein

Fasching wird in Klagenfurt mit den Stadtrichtern und Faschingsumzügen mit bunten Kostümen zelebriert. Osterfeuer, Ostermarkt und das Böllerschießen im Umland läuten das Frühjahr ein. Während der Messetage (Freizeitmesse, Herbstmesse) wird der Messeparkplatz in einen großen Vergnügungspark verwandelt. Action und Spaß sind dabei garantiert.

Dazwischen shaken

Wer unter der Woche oder am Wochenende in die Stadt feiern gehen möchte, wird in der Herrengasse, in der Theatergasse, rund um den Pfarrplatz und am Alten Platz fündig. Da ist mit Sicherheit für jeden etwas dabei.

► Jugend- und Veranstaltungszentrum [kwadra:t]

Messegelände, Klagenfurt
www.kwadrat.at
Im [kwadra:t] finden regelmäßig Veranstaltungen statt – Punk, Metal, Hip-Hop, Rock oder Reggae, für Abwechslung ist gesorgt.

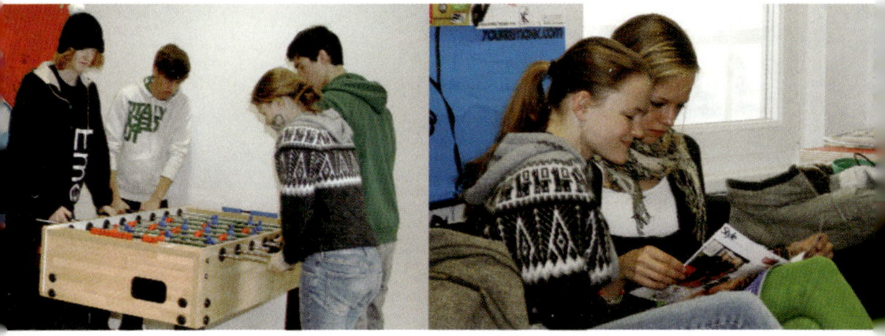

Gute Zeiten erleben und neue Freunde kennenlernen

► La Vida Cocktailbar

Herrengasse 5, Klagenfurt
Öffnungszeiten: Dienstag bis Samstag von 18 bis 2 Uhr
Die Cocktailbar ist in einem der schönsten Innenhöfe von Klagenfurt. Der gemütliche Sitzgarten, das breite Musikangebot quer durch alle Jahrzehnte und Live-Musik machen das La Vida zum fixen Bestandteil des Klagenfurter Nachtlebens.

► Stereo Club

Viktringer Ring 37-39, Klagenfurt
www.stereoclub.at

((stereo)) ist die Club & Veranstaltungs-Location für alle alternativen Kulturen. Wer hier zu Gast ist, bekommt jede Menge Neues zu hören. Die Macher setzen auf nicht-kommerzielle Acts und Newcomer. Das Programm ist vielfältig und reicht von Techno über Reggae bis zu Read 'n' Roll. Alljährlich findet hier mit „Local Heroes" einer der größten deutschsprachigen Contests für Nachwuchsbands statt.

Oben: Abrocken im Stereo

Ganz links: DJ Marina gibt Gas.

Links: Vor einem Konzert

► 80's

Theatergasse 7, Klagenfurt
Öffnungszeiten: Montag bis Samstag 19 bis 4 Uhr
www.80sbar.at
Die Stimmung im 80's ist immer heiß! Riesige Videowall, verschiedene Cocktails, Karaokeabende und coole Leute sorgen für Partystimmung bis vier Uhr morgens. Außerdem gibt es immer wieder spezielle Cocktail-Aktionen. Ein Beispiel? 20 Euro zahlen und so viele Cocktails trinken, wie man mag.

► Bollwerk Klagenfurt

Gerberweg 46, Klagenfurt
Öffnungszeiten: jeden Donnerstag, Freitag und Samstag und vor Feiertagen ab 21 Uhr
www.bollwerk.at
Den größten Tanztempel Klagenfurts gibt es am Stadtrand: Seit Jahren pilgern Tanzwütige am Wochenende zum Südring. Egal ob Fox, Schlager oder Disco-Sound, hier kommt jeder auf seine Kosten. Wer kann bei den neuesten Rhythmen noch ruhig sitzen bleiben?

► CUSTO Club Disco

Herrengasse 12, Klagenfurt
Öffnungszeiten: jeden Freitag und Samstag
www.custo.at
Edel abfeiern: Im Herzen Klagenfurts, im ehrwürdigen Palais-Egger-Helldorff, gibt es die Club-Disco Custo für Szeneleute und Fashionistas. Wer Glamour, internationale DJs und Gastronomie auf hohem Niveau liebt, kommt hierher.

► Molly Malone

Original Irish Pub, Theatergasse 7, Klagenfurt
Öffnungszeiten: täglich 11.30 bis 14 und 18 bis 22.30 Uhr
Gemütlich und rustikal – das zeichnet das Irish Pub Molly Malone seit Jahren aus. Native Speaker animieren dazu, die Englischkenntnisse aufzufrischen und irische Köstlichkeiten zu genießen: Von irischem Kaffee bis hin zu allgemein bekannten, irischen Getränken, bietet dieses Lokal alles, was das „irische" Herz begehrt.

► Jazzkeller Kamot

Bahnhofstraße 9, Klagenfurt
Montag Ruhetag
Jazz im Keller – in Klagenfurt seit einem Vierteljahrhundert angesagt! Eine trendige Location für junge Leute.

► Havana Life Style Bar
Osterwitzgasse 5, Klagenfurt
www.havana-bar.at
Hawaii-, Schlager- und Mottopartys: In der Havana Life Style Bar wird alles geboten. Neben der guten Musik, punktet das Havana mit günstigen Drinks und vielen, vielen Cocktails.

► Irish Pub Claddagh
Pernhardgasse 4, Klagenfurt
www.claddagh.at
Im Irish Pub Claddagh wird das Irische zelebriert: Nicht nur Essen und Getränke stehen am Programm, sondern auch Veranstaltungen wie das Pub-Quiz oder irische Live-Musik. Gesprochen wird natürlich Englisch!

► Theatecafé
Theatergasse 9, Klagenfurt
Das beste Ausgeh- und Kennenlern-Café in der Stadt. Außergewöhnliche Atmosphäre, gute Drinks, chillige Musik. Vor allem am Abend ein Muss!

► Die Burg
Pfarrplatz 8, Klagenfurt
Täglich von 19 bis 4 Uhr
www.dieburg.at
Die Burg ist nicht nur am Wochenende Pflichtprogramm. Auch unter der Woche wird im schrillen Ambiente abgefeiert. Der In-Treff für Leute mit Spaß und guter Laune.

► Latino Bar Los Amigos
Villacher Straße 16, Klagenfurt
Mittwoch bis Samstag von 19 bis 3 Uhr
www.los-amigos.at
Salsa, Bachata, Caipirinha – in der Latino Bar werden zu lateinamerikanischen Rhythmen die Hüften geschwungen und leckere Drinks geschlürft. Urlaubsstimmung pur!

► Le Passage Klagenfurt
Herrengasse 12, Klagenfurt
www.lepassage.at
Das Le Passage bezeichnet sich selbst zu Recht als den „Rolls Royce" unter den Club-Lounges. Feinster Club- und Lounge-Sound

sowie coole Lichteffekte schaffen ein einzigartiges Clubambiente. Viedeowalls und ein reichhaltiges Cocktail- und Spirituosenangebot laden zum gemütlichen Chillen in der stilvollen Le Passage-Lounge. Jeden Mittwoch gibt's die „GO Students Nights" mit kleinen Preisen für Studierende.

„Wir Kärntner chillen gerne, machen Sport und trinken Kaffee."

(Elisa, 20, Klopein)

Jugendtreffs

Ein Rückzugsgebiet für Unterhaltung, Spiel und Kommunikation gesucht? Dafür gibt es in Klagenfurt eine Menge coole Jugendtreffs. In den Youth-Points der Stadt sind alle Jugendlichen von 12 bis 19 Jahren willkommen. Vor allem wer neu in der Stadt ist, kann hier schnell erste Kontakte knüpfen:

► Media Point

St. Veiter Straße 26, Klagenfurt
Dienstag bis Samstag 14 bis 20 Uhr
• Angebote: PCs mit Scanner, Drucker, DVD, CD/RW, Digicam, Videozone mit Schnittplatz & Videowall, DJ und Audio Corner, Tischfußball, Entspannungsecke mit Beamer & Videowall, Gamecubes mit vielen Konsolenspielen, Jugend-Info-Point, Billard, Küche für Kochworkshops, großer Innenhof für Workshops und Aktivitäten im Freien, Tischtennis

► Youth-Point Fischl

Fischlstraße 69, Klagenfurt
Montag, Dienstag, Donnerstag und Freitag: 16 bis 20 Uhr
• Angebote: Internetzone, Chill-out-Zone, Game-Zone, Jugend-Info-Point

► Sports Point Welzenegg

Irnigstraße 2, Klagenfurt
Dienstag, Donnerstag, Freitag und Samstag: 15 bis 20 Uhr
• Angebote: Fußball, Tischtennis, Volleyball, Billard, Tischfußball, Basketball, Darts, Internet, Chill-Out-Zone

► Mobile Youth Point

Montag und Donnerstag: Viktring (Keltenstraße)
Dienstag und Freitag: Hörtendorf (Liliengasse/ Ecke Weizenstraße)
jeweils 14 bis 19 Uhr

• Angebote: Workshops, Internet, Games, Chill-Out, Musik, Info-Point, DJ-Zone

► Mega Point – Trendsporthalle

Messehalle 9, Klagenfurt
Dienstag bis Freitag von 15 bis 21 Uhr, Samstag, Sonntag und Feiertag von 13 bis 21 Uhr
www.megapoint.at

• Angebot: IOU-Rampen für Skateboard-, Inline- und BMX-Freaks, Österreichs 1. Kletterboulder-Park mit 3 Boulderwürfeln, Contests, Kletterbewerbe, Kletterkurse, Sportveranstaltungen. Tageskarte ab einem Euro.

► [kwadra:t] Jugendkulturzentrum

Messegelände, Klagenfurt
Dienstag, Mittwoch, Donnerstag von 15 bis 21 Uhr
Freitag und Samstag von 13 bis 19 Uhr
www.kwadrat.cc

• Angebot: Gemütlicher Chill- und Cafébereich, Music-Corner mit DJ-Ecke und kleine Bühne, Literatur- und Lesezone (Zeitschriften, Fachbücher und mehr), Spielecke (vom Klassiker bis zum Playstation Sing Star), Film & Fernsehen, Event- und Infowall, Musikinstrumente, Internet, Videoschnittplatz, Proberaum, Videowall, BetreuerInnen-Team, Information und Beratung, Kultur-, Musik- und Medienarbeit, Schulprojektwochen, Internationale Begegnungen, Auftrittsmöglichkeiten, Workshop- und Projektarbeit, K^2-Live-Nachwuchsförderung für junge Künstler.

► Jugendforum Mozarthof

St. Veiter Straße 26, Klagenfurt
Bürozeiten: Montag bis Donnerstag von 7 bis 17 Uhr, Freitag von 7 bis 13 Uhr
Offener Betrieb: Dienstag bis Samstag von 17 bis 22 Uhr, während der Ferien teilweise geänderte Betriebszeiten.
Das Jugendforum Mozarthof ist das älteste von der Stadt Klagenfurt betreute Jugendzentrum. Es ist geöffnet für Kinder und Jugendliche im Alter von 11 bis 18 Jahren und junge Erwachsene. Die Räumlichkeiten stehen auch Vereinen zur Verfügung, und daher ist der

Mozarthof immer wieder Ort von coolen Partys oder Konzerten. Nachwuchsbands können hier proben und auftreten. Studenten und Jugendgruppen können hier auch übernachten. Für Jugendliche in Problemsituationen gibt es die Jugendnotschlafstelle.

► **Youth-Point St. Ruprecht**
St. Ruprechter Straße 49 (neben Billa), Klagenfurt
• Angebot: Interkulturell, Internet Zone, Jugend-Info-Point, Game Zone

► **Youth-Point Don Bosco / Siebenhügel**
Siebenhügelstraße 64, Klagenfurt
Dienstag bis Freitag von 14 bis 20 Uhr, jeder zweite Samstag von 15 bis 21 Uhr
• Angebote: Billard, eigener Sportplatz, Internetzone, Jugend-Info-Point

► **Jugendzentrum Point**
Benediktinerplatz 10, Klagenfurt
Dienstag bis Freitag 11.30 bis 19 Uhr
Das Jugendzentrum Point ist eine Einrichtung der Katholischen Jugend Kärnten und steht Jugendlichen ab dem 14. Lebensjahr offen.
www.jz-point.at

Cool abhängen

Shopping

In Klagenfurt schlägt das Shopping-Herz definitiv höher: Erstens, hier gibt es noch genügend verwinkelte Gässchen mit durchaus einfallsreichen Geschäften. Man kann gemütlich durch die Altstadt schlendern. Als Flanier- und Einkaufsmeile gilt die Innenstadt rund um den Alten Platz. Das Gebiet ist seit 1960 Fußgängerzone. Zweitens, weil es mitten im Stadtzentrum auch eine riesige Shopping-Mall gibt – die City-Arkaden. Selbst wenn einmal schlechtes Wetter angesagt ist, kann man hier stundenlang im Trockenen von einem Shop zum anderen huschen.

► Villa Lotta

Ebenthaler Straße 232, Klagenfurt
Montag bis Donnerstag, Samstag 10 Uhr bis 14 Uhr, Freitag 10 Uhr bis 20 Uhr
www.villa-lotta.at
Etwas außerhalb vom Stadtzentrum liegt die Villa Lotta. Hier setzt Innenarchitektin Lisa Jagenteufel Kleinmöbel, verspielte Accessoires, bunte Stoffe, flauschige Decken und kuschelige Kissen, glänzende Kristalllüster, Blumen, Düfte, handgeschöpftes Büttenpapier und Gegenstände des alltäglichen Gebrauchs witzig in Szene. Und das Tolle: Alles wird immer wieder neu dekoriert und ist günstig zu haben!

Klagenfurts Innenstadt ist ideal für einen Einkaufsbummel.

Auf der Suche nach einem Geschenk? In der Villa Lotta ist man richtig.

► Kärntner Heimatwerk

Herrengasse 2, Klagenfurt
Trachten und Handarbeiten, das gibt es im Heimatwerk. Für alle, die Rustikales und Volkstümliches lieben.

► Bagatt Shop

Burggasse 2, Klagenfurt
www.bagatt-klagenfurt.at
Fare una bella figura – einen guten Eindruck machen ist für Italiener besonders wichtig. Das spiegelt sich auch in ihrem Design wider. Spritzige Autos, elegante Kleidung und edle Schuhe gehören einfach zum Leben. Letztere, also exklusive Schuhmode aus italienischen Designerhänden, gibt es jetzt in Kärntens einzigem Bagatt-Shop in der Klagenfurter Burggasse. Die moderne Shopgestaltung rückt jedes Prachtstück aus Leder ins rechte Licht und macht so Lust aufs Probieren der edlen Teile.

Jede Menge edle Stücke gibt es in der Klagenfurter Innenstadt.

► Schallplattenstudio Elisabeth

Spitalgasse 10, Klagenfurt
Sie ist eine Institution für Musikfreunde in Klagenfurt: Elisabeth Pap sperrt seit über 30 Jahren jeden Tag ihr Schallplattenstudio auf. Klassik, Jazz, Volksmusik, Schlager – sie weiß alles darüber und berät Kunden mit einer einzigartigen Portion Musikleidenschaft.

► Buchhandlung Heyn

Kramergasse 2-4, Klagenfurt
Erste Adresse in Sachen Buch: Der „Heyn“ begeistert noch als schöne klassische Buchhandlung mit super Service, tollem Leseraum, gemütlichen Sofas, Kaffee und riesiger Auswahl.

► Die Teedose

Neuer Platz 10, Klagenfurt
Keine Ahnung, was man der Freundin, Tante oder Mutter zum Geburtstag schenkt? Rein in die Teedose, hier gibt es alles rund um

den Tee. Von putzig bis ausgefallen – von süß bis herb: Für jeden Geschmack lässt sich das Richtige finden.

► Schokoladenmanufaktur Musil
Waidmannsdorfer Straße 11, Klagenfurt
www.musil.at
Hell, dunkel, weiß – in der Schokoladenmanufaktur Musil wird alles zu einer gut aussehenden Nascherei verzaubert. Für Schokotiger ein absolutes Muss! Tipp: Schokolade-Lindwurm als Mitbringsel!

► Zehrer
Alter Platz 7, Klagenfurt
www.zehrer.at
Backen wird beim Zehrer groß geschrieben. Schokolade, Pralinen und viele andere Leckerein versüßen den Tag – auch wenn es einmal keinen besonderen Anlass dafür gibt.

United Elements: mit fairer Mode durch die Stadt

► United Elements
Dr. Arthur Lemisch Platz 7/1, Klagenfurt
www.unitedelements.at
Versteckt im ersten Stock gibt es am Dr. Arthur Lemisch Platz ein neues Store-Concept für Fairtrade-Mode und Lifestyle-Produkte. Unter dem Label „United Elements“ gibt es Partykleider aus biologischen Materialien von jungen Designern aus ganz Europa. Die Kleider stammen von den hippen Labels Mandala, Ethos, Nancy Dee oder Annie Greenabelle. Mode ethisch, sozial, fair, ökologisch, biologisch – also nachhaltig – hergestellt.

► Vitalgarten Bettina Binder
Bacherlsteig 25, Klagenfurt – Lendorf
www.vitalgarten.at
Einkaufen in einer Gärtnerei? Klingt im ersten Moment nicht so toll. Im Vitalgarten in Klagenfurt-Lendorf ist es das aber schon! Hier gibt es nicht nur Balkon- und Beetpflanzen, sondern eine große Auswahl an Gemüse, alles täglich frisch. Auch regionale Produkte (Eier, Most,

Saft, Würste, Nudeln usw.) aus ganz Kärnten und tolle Deko- und Geschenksideen für Freunde und Familie fehlen nicht. Superschmackhafte Lebensmittel zu einem günstigen Preis.

Die Klagenfurter legen Wert auf frisches Gemüse, etwa aus dem Vitalgarten.

► **Bottega Verde**
In den City Arkaden Klagenfurt
www.bottegaverde.it
In Italien ist Bottega Verde Kult: Bereits 1972 wurde der erste Laden in der toskanischen Stadt Pienza in der Provinz Siena gegründet. In den Klagenfurter City Arkaden hat der erste Bottega-Verde-Shop Österreichs eröffnet. Alle Produkte werden selbst hergestellt und bestehen aus natürlichen Wirkstoffen, angefangen von Gesichts- und Körperpflegeartikeln über Make-up und Parfums bis hin zu Haar- und Badprodukten.

Italienisches Kult-Kosmetiklabel Bottega Verde

► City-Arkaden Klagenfurt

Heuplatz 5, Klagenfurt

Montag bis Freitag 9 bis 19.30 Uhr, Samstag 9 bis 18 Uhr

Die Shopping-Mall von Klagenfurt: Mitten in der Innenstadt findet man hier auf drei riesigen Ebenen alles, was das Herz begehrt – Kleidung, Kosmetik, Schuhe, Elektronik, Lebensmitteln bis hin zu Friseuren oder Gastronomie. Spezial-Tipp: Besonders angesagt ist die Pep Juice Bar im Erdgeschoss mit frischen Smoothies & Co. zum Mitnehmen!

Die City-Arkaden sind die größte Shopping-Mall in Klagenfurt.

► Südpark

Südpark 1, Klagenfurt

Montag bis Freitag 9 bis 19 Uhr, Samstag 9 bis 17 Uhr

Ein Einkaufszentrum mit einer bunten Palette gibt es in der Nähe vom Hauptbahnhof. Hier erledigt man die Besorgungen des Alltags und schaut nebenbei noch bei ein paar Modeläden vorbei. Tipp: Versteckt im ersten Stock gibt es Running-Sushi!

Relaxen

Relaxen fällt in Klagenfurt nicht schwer. Es gibt unzählige Plätze im Freien, an denen sich mit Freunden treffen kann. Dazu gehören die vielen Parks, Grünflächen und Gastgärten. Vor allem am Alten Platz kann man sich herrlich in die Sonne setzen und bei einem Caffè Latte das bunte Treiben am Platz beobachten – inklusive dem einen oder anderen Flirt!

Grillen an der „Sattnitz“

Eine „Grillerei“ ist bei den Klagenfurtern am Wochenende sehr beliebt. Dazu einfach Würstel, Fleisch, Beilagen und Getränke einpacken, aufs Rad schnallen und den Radweg der „Sattnitz“ entlangfahren. Auf Höhe des Fußballstadions gibt es eigene Grill- und Picknickplätze.

Zeit für Beauty

Farbberatung, Massage, Fußpflege, Maniküre, Wimpern Extensions und vieles mehr – sich einen Tag so richtig von Kopf bis Fuß verwöhnen oder nur mal schnell stylen lassen für das Date? Über den Dächern von Klagenfurt macht das gleich doppelt so viel Spaß. Allein oder mit Freundinnen – man gönnt sich ja sonst nichts!

► „schön&gsund“, 1. Klagenfurter Tagesbeautyfarm
La Casa Re, Domizil des Wohlbefindens
Paradeisergasse 1/Neuer Platz 9, Klagenfurt
www.schoenundgsund.at

Hollywood erleben

Filmfreaks sind in Klagenfurt gut aufgehoben. Die neuesten Hollywood-Blockbuster werden in der Cinecity gezeigt. Hier gibt es auch eine Bowling-Bahn und einige Lokale. Alternative Filme findet man im Kinozentrum Wulfenia oder im Volkskino.

► CINECITY Bowling-Arena Klagenfurt
Kärntens größtes Multiplex
Völkermarkter Str. 167 / Heidemarie-Hatheyer-Platz 1, Klagenfurt
www.cinecity.at

► VOLKSKINO
Klagenfurts Alternativkino
Kinoplatz 3, Klagenfurt
www.volkskino.com

► WULFENIA KINOZENTRUM
Luegerstraße 5, Klagenfurt

DVD-Abend

15.000 Filme – darunter viele Klassiker, alte Schmankerln oder neues, alternatives Material – findet man in der Kult-Videothek Bellissimo. Es gibt sie bereits seit 25 Jahren, und schon allein das Schmökern in den Gängen ist ein Erlebnis. Es gibt Filme, die man sonst nirgends bekommt.

► Videothek Bellissimo
Koschatstraße 43, Klagenfurt
Täglich von 10 bis 22 Uhr geöffnet
Telefon (0 46 3) 555 15

Kreativ sein

Wer einmal etwas ganz anderes ausprobieren möchte, kann zu Florentinus Yosfiarso in Klagenfurt kommen. Der indonesische Künstler arbeitet mit Jugendlichen und zeigt ihnen die spannende Welt der Batik: www.yosy-handmade.com

Batik-Workshop in Klagenfurt

Outdoor

Sport und Bewegung sind in Klagenfurt immer angesagt. Wasserratten tauchen ein in den Wörtherssee, Lendkanal oder in die vielen Gewässer des Keutschacher Seentals. Fast alle haben Trinkwasserqualität! Dementsprechend vielfältig sind auch die Möglichkeiten zum Baden, Surfen, Segeln oder Fischen. Neben dem Wasser liegen die Berge vor der Tür. Gemütliche Spaziergänge oder waghalsige Klettersteige, auf Wanderer warten verschiedene Herausforderungen. Pedalritter können auf den ausgebauten Radwegen durchs Land oder um den See ziehen, spannende Strecken gibt es für Mountainbiker. Und alle, die es lieber ruhig und beschaulich haben, finden eine Menge lauschige Plätzchen.

Strandbäder

Ein Badesee mit Trinkwasserqualität ist der Wörthersee. Er ist mit einer Länge von 16,5 Kilometern, einer Fläche von 19,4 Quadratkilometern und einer Tiefe von knapp 85 Metern der größte See Kärntens. Wer in die natürliche Badewanne springen möchte, findet in der Klagenfurter Ostbucht drei Strandbäder. Das Strandbad Klagenfurt, eines der größten Binnenseebäder Europas, bietet auf den drei großen Badebrücken ideale Voraussetzungen für Sonnenanbeter – der Jugendtreff schlechthin im Sommer.

► **Strandbad Klagenfurt**
Metnitzstrand 2
Klagenfurt

► **Strandbad Maria Loretto**
Lorettoweg 48
Klagenfurt

► **Strandbad Maiernigg**
Süduferstraße 116
Klagenfurt
www.baden.kaernten.at

Sonne tanken im Strandbad

Sport

► Ruderverein Albatros

Friedelstrand 11, Klagenfurt
www.rv-albatros.at
Rudern zählt den Sportarten, die bei den jungen Sportlichen in Klagenfurt, sehr in sind. Wer mehr darüber erfahren möchte, schaut einfach mal beim Ruderverein Albatros vorbei.

► Wasserskischule Krumpendorf

Strandbadallee, Krumpendorf, Tel. 0664/3412666

► Tauchschule Atlantis

Koschatweg 69a, Krumpendorf, Tel. 0664/4032111
www.ts-atlantis.at

► Fischen im Hafner-, Rauschele- und Keutschacher See, Treimischer Teiche

www.keutschach.at
Bei Sport- und Hobbyfischern stehen die Seen aufgrund ihrer reichen Fischbestände hoch im Kurs. Informationen zur Fischerei sind in den örtlichen Tourismusinformationen und unter www.kaerntner-fischerei.at erhältlich.

► Klagenfurter Hallenbad

Gasometergasse 1, Klagenfurt
Das Hallenbad hat ein Sportbecken, Ruhebecken, Massagedüsen und Luftsprudel, Lehrschwimmbecken, eine Wasserrutsche und Ruhezonen sowie Saunaanlagen. Allerdings: Es wird 2012 geschlossen.

► Beachvolleyball-Plätze

Strandbad
Europapark
Sportunion Klagenfurt, Wilsonstraße 25 , Klagenfurt

► Sportpark Wörthersee Klagenfurt

Südring 207, Klagenfurt
Der „Sportpark Wörthersee Klagenfurt“ oder das Fußballstadion wurde für die Fußballeuropameisterschaft 2008 gebaut und wird aufgrund der außergewöhnlichen Architektur „Ufo“ genannt.

> „An Kärnten mag
> ich besonders die Seen."
> *(Sabrina, 23, Villach)*

► Eislaufen, Eishockeyspielen, Eisstockschießen

auf den Seen: Infos und Freigaben auf www.evw.at
in der Halle: Kärntner Eissportzentrum, Messegelände,
9020 Klagenfurt am Wörthersee, www.kaerntnermessen.at

► Europapark und Kreuzbergl

Der Europapark ist eine der größten und beliebtesten Freizeitanlagen in Klagenfurt. Er liegt direkt am Wörthersee. Ballspiele, picknicken, mit dem Hund rumlaufen oder einfach nur in der Sonne liegen – jeder kommt auf seine Rechnung. Beachvolleyball-Plätze und der Skater-Park werden von den Jugendlichen bevölkert, aber auch Radler, Jogger und Rollerskaten düsen vorbei.

► Halbmarathon – Erlebnislaufstrecke

Die Laufstrecke führt entlang dem Wasser und durchs Grüne. Startpunkte: Europapark beim Beachvolleyball-Platz, Waidmannsdorf beim Gasthaus Ponderosa, Sattnitzpark am Schleusenweg, Ebenthaler Siedlung, Ebenthaler Straße – Kreuzung Klimanngasse, Fischlpark am nördlichen Teichufer, Glanbrücke – Elisabethpromenade, Innenstadt beim Napoleonstadl, Lendhafen.

► Radtour rund um den Wörthersee

Eine Radtour um den Wörthersee schafft jeder in ein paar Stunden (ca. 40,7 Kilometer, 58 Höhenmeter). Dazwischen bieten sich ein Sprung ins kühle Nass oder eine Rast in einem See-Café an. Besonders Ehrgeizige können einen Abstecher auf den Pyramidenkogel machen.

► „Wörthersee-Höhen-Rundwanderweg"

Zu Fuß lässt sich der Wörthersee entlang dem „Wörthersee-Höhen-Rundwanderweg" umrunden. Die Gesamtstrecke von 65 Kilometern ist blau-weiß markiert und verläuft großteils im Wald. Das Gelände ist hügelig, mit einigen steilen An- und Abstiegen (Seehöhen von 440 bis 850 m).

Segeln am Wörthersee

► Wörtherseeschifffahrt
Friedelstrand 3, Klagenfurt
www.woertherseeschifffahrt.at
Am gemütlichsten geht es mit dem Schiff rund um den Wörthersee. Bei den einzelnen Anlegestellen kann man immer wieder aus- und einsteigen oder man bleibt die ganze Fahrt an Deck sitzen und genießt einen Kaffee.

► Golfen
Golfanlage Klagenfurt Seltenheim
Seltenheimer Straße 137, Klagenfurt
www.gcseltenheim.at

► Sportkletterarena Klagenfurt
Sporthauptschule Waidmannsdorf
Obirstraße 6 – Eingang Johann-Strauß-Gasse, Klagenfurt
Die Anlage wird vom Alpenverein betrieben und weist eine Höhe von bis zu 17 Metern auf, wobei eine Kletterfläche von 620 Quadratmetern sowie ein eigener Boulderbereich (Kletterbereich auf Absprunghöhe) mit 80 Quadratmetern vorhanden sind. Bis zu 80 verschiedene Kletterrouten – vom 5. bis zum 10. Schwierigkeitsgrad – stehen zur Verfügung.

► Tandemspringen
Fallschirmzentrum Kärnten F.Z.K.
Steinacher Straße 8, Klagenfurt
www.fz-k.at

Hot City: Villach

> Das Stern in Villach ist mein Lieblingscafé, weil es ein schönes Flair hat und immer die richtigen Leute dort sind.
>
> *(Michaela, 18, Villach)*

Mediterraner Charme wird in Villach großgeschrieben. Kein Wunder, liegt die von Bergen und Seen umgebene Stadt doch nur wenige Autominuten von der Staatsgrenze zu Italien entfernt. Auch nach Slowenien ist es nur ein Katzensprung. Doch wer wird in die Ferne schweifen, wenn das Gute so nahe liegt, nämlich direkt in der Innenstadt. Geschäfte und Lokale, in Villach kann man alles gut zu Fuß oder mit dem Rad erreichen. Entlang der Drau gibt es viele Erholungsflecken, um für die Partynacht Energie zu tanken.

Jugendcard

Im Jugendzentrum der Stadt Villach können sich Jugendliche die „Jugendcard" holen. Sie bietet kostenlose oder ermäßigte Tickets für Kultur- und Freizeitangebote, günstigere Preise bei den Villacher Kaufleuten, ermöglicht die Teilnahme an allen Programmangeboten des Jugendreferates der Stadt und stellt kostenlos eine E-Mail-Adresse zur Verfügung. Infos:

► **Jugendzentrum der Stadt Villach**
Gerbergasse 29, Villach
www.villach.at/jugend
www.jugendlebtstadt.at
Montag bis Freitag
von 12 bis 19 Uhr geöffnet.

Hauptplatz von Villach

Must-know: Ein bisschen Geschichte

- Vorfahren aus der Jungsteinzeit waren die ersten, die die Gegend um Villach besiedelten.

- Ab 400 v. Chr. waren die Illyrer und dann die Kelten da; Letztere gründeten mit dem Königreich „Noricum“ das erste Staatsgebilde auf österreichischem Boden. Ohne kriegerische Ereignisse wurde dieses in den Jahrzehnten um Christi Geburt römisch beeinflusst und als Provinz Noricum in das Römische Imperium eingegliedert. Die Römer waren es auch, die ihre Reichsstraße von Aquileia über Villach, das damals Santicum hieß, nach Norden ausbauten. Reste dieses alten Handelsweges mit den Wagenspuren findet man in Warmbad-Villach.

- Im Jahr 878 ist erstmals in einer Schenkungsurkunde von einer Draubrücke „Uillah“ die Rede und 1240, dem Jahr der Stadterhebung, findet sich der Name „Villach“ zum ersten Mal in einem Schriftstück.

- Im 15. und 16. Jahrhundert erlebt die Stadt als „Tor zum Süden“ eine Blütezeit durch Handel und Gewerbe - sie profitierte vom Freihandel Venedigs und vom Bergbau.

- Mitte des 18. Jahrhunderts kaufte Kaiserin Maria Theresia die bisher bambergischen Besitzungen für die Habsburger zurück. Später verleibt Napoleon das Städtchen seinen illyrischen Provinzen ein.

- Mit dem Anschluss Villachs an das Netz der Südbahn begann ein neuer wirtschaftlicher Aufschwung. Heute erinnert daran der Beinamen von Villach – die Eisenbahnerstadt.

- Die beiden Weltkriege gingen an Villach nicht spurlos vorüber, zumal die Stadt als wichtiger Verkehrsknotenpunkt bevorzugtes Ziel der alliierten Streitkräfte war. Nach 1945 erfolgte die britische Besatzung.

- Heute spielt in der Stadt nicht nur Tourismus eine große Rolle, sondern auch Gewerbe, Industrie und High-Tech.

Straßenkunstfestival in Villach

Must-see: Die Sehenswürdigkeiten

- Am besten lässt sich das historisch bedeutsame Villach in einem der geführten Altstadt-Spaziergänge erleben, die zwischen Anfang Mai und Ende Oktober freitags ab 10 Uhr zum Nulltarif angeboten werden.
- Als Ausgangspunkt für einen kleinen Stadtbummel eignet sich die Draubrücke.
- Der Hauptplatz, ein mittelalterlicher Straßenplatz, steigt in sanftem Bogen zur spätgotischen Stadtpfarrkirche St. Jakob an.
- Mit 94 Metern ist der begehbare Stadtpfarrturm der höchste Kirchturm Kärntens, nach einem Aufstieg über 239 Stufen wird man mit einer herrlichen Aussicht belohnt!
- Am oberen Hauptplatz steht das um 1500 erbaute heutige Hotel Post mit seinem wunderschönen Renaissance-Erker.
- Einer der schönsten Innenhöfe Villachs, der „Paracelsushof", ist nach dem berühmten Arzt und Naturforscher benannt, der einen Teil seiner Jugend hier verbrachte.

- Wunderschön sind die alten Villenbauten des späten 19. und frühen 20. Jahrhunderts im Bereich der 10.-Oktober-Straße oder die im Stil des Späthistorismus und Jugendstils erbauten Villen der Peraustraße.

- Im Schillerpark gibt es eine besondere Sehenswürdigkeit: Europas größte gedeckte Geoplastik, das Relief von Kärnten, zeigt das Bundesland als Großmodell im Maßstab 1:10.000.

- Am Burgplatz kommt man an der alten Bambergischen Burg vorbei, in deren Renaissance-Innenhof sich ein historischer Schauraum befindet.

- Die Sammlungen des Stadtmuseums bewahren die Erinnerung an die Vergangenheit und dokumentieren Geschichte, Kunst und Kultur des Villacher Raumes.

- Die Präsentation der zeitgenössischen Kunst ist mehreren modernen Galerien vorbehalten, allen voran die Städtische Galerie in der Freihausgasse.

- Autofreunde kommen im Villacher Fahrzeugmuseum ins Staunen: Es sind über 160 Fahrzeuge der Jahrgänge 1927 bis 1977, Autos, Motorräder, Roller und Mofas zu sehen.

- Neben vielem anderen wird im Reinhard Eberhart Museum die Entwicklung des Kärntner und internationalen Faschings gezeigt. Schräg und kreativ! www.rem.at

Blick auf die Stadthauptpfarrkirche

Campen rund um Villach

Na dann, gute Nacht!

► **Jugendhotel Egger**
Familie Hartmann Egger
Triester Straße 42, Landskron/Villach
www.jugendhotelegger.at
Alles für die Jugend und für junggebliebene Erwachsene bietet das Jugendhotel Egger. Es liegt am Stadtrand von Villach und hat ganzjährig geöffnet. Highlights: Grillen im Garten, Disco, Schwimmbad, Tennis uvm.

► **Jugendherberge Faak am See**
Flurweg 12, Faak am See
www.herberge.at
Zwar nicht in Villach-Stadt, aber dafür am nahen Faaker See, gibt es eine Jugendherberge. Der Betrieb ist auf Selbstversorger (Unterbringung teilweise in Stockbetten, Doppelzimmer, Verwendung der mitgebrachten Bettwäsche und eigene Essensversorgung) spezialisiert. Eine Übernachtung gibt es ab 9 Euro! Plus: Ruhige Liegewiese, Tischtennis, Spielwiese, Parkplätze beim Haus.

► **Seecamping Berghof**
Ossiachersee Süduferstraße 243, Villach-Landskron
www.seecamping-berghof.at

Da schmeckt's uns!

Villach verfügt über ein breit gefächertes Angebot, das vom gastronomischen Spitzenbetrieb bis zum urigen Gasthof und zur Mostschenke alles bietet.

► Parkcafé Villach
Moritschstraße 2, Villach
www.parkcafe.at
Das Parkcafé Villach bietet ein angenehmes Ambiente besonders zum Frühstück. Mit seiner großen und schönen Außenterrasse kann man es sich im Sommer zusätzlich die Sonne ins Gesicht scheinen lassen.

► Café Konditorei Bernold
Nikolaiplatz 2, Villach
Die Konditorei Bernold ist mit seiner Zweiteilung ein besonderes Highlight für einen gemütlichen Drink oder Kaffee. Der eine Teil des Hauses ist für Senioren und „ältere Herrschaften" gedacht, wobei der zweite, neu gestaltete und moderne Bereich jungen und junggebliebenen Menschen Platz bietet. Das Haus Bernold bietet selbstgemachte Eis- und Konditorspezialitäten.

► Café – Bar – Restaurant Stern (auch im Atrio!)
Kaiser-Josef-Platz 5, Villach
www.stern-villach.com
Das „Stern" ist der In-Treff in Villach für junge Leute, die sich zum Kaffee, auf einen Drink oder auch auf ein Essen treffen wollen. Die gemütliche Terrasse bietet zudem das besondere Flair im Sommer.

„Lokalheros"

Ausschau halten nach den Lokalheros! Café, Eisdiele, Bar, Restaurant oder Konditorei – Villachs Gastonomen sind offen für neue Trends, besinnen sich aber gleichzeitig auf ihre Wurzeln und sind für die heimischen Gäste da. Um das verstärkt nach außen zu tragen, schlossen sich 29 Wirte zu einer Gastronomie-Kooperation zusammen. Unter der Dachmarke „Lokalheros" soll die Vielfalt der Innenstadtgastronomen gezeigt werden. Dabei sind: Bacchus Hotel Restaurant, Bar Italia, Bar Soho, Café Cavallo, Café Hotel Mosser,

Café Konditorei Bernold, Café Konditorei Restaurant Rainer, Café Per Du, Café Restaurant Goldenes Lamm, Café-Bar-Restaurant Stern, Eduardo's Pizzaservice, Eisboutique Chiara, Flaschl, Gasthof Hofwirt, Gourmet Restaurant Lagana - Wein- & Cocktailbar Divino, Imbisse Hanschur, Kaufmann & Kaufmann, Latte Caffè Bar, Lemongrass – Restaurant Café Bar, McDonald's, Mexican Cantina Salud, Mr. Wu – Sushi & Wok Restaurant, Nordsee, Parkcafé, Stadtrestaurant zur Post, Szenario - eine art café, Tageswirtschaft Paragraf, Trastevere Trattoria Pizzeria und Villacher Brauhof.

Die täglichen Mittagsmenüs der Lokalheros findet man online auf www.mittagslokal.at. Infos über die Betriebe gibt es auf Facebook und auf www.stadtmarketing-villach.at.

„Lokalheros" von Villach (im Uhrzeigersinn v.l.o.): Tageswirtschaft Paragraf, Bar Italia, Flaschl, Mexican Cantina Salud

Gemütlich einen Kaffee am Hauptplatz genießen

► China-Restaurant Krone

Pestalozzistraße 1, Villach

Täglich 10.30 bis 15 und 17 bis 23 Uhr

Das China-Restaurant Krone, beim Villacher Westbahnhof gelegen, hat Platz für viele Gäste und ist von seinem Standort nicht mehr wegzudenken. Günstige Mittagsmenüs, die zentrale Lage und freundliches Personal zeichnen das Restaurant besonders aus.

► Sakura - japanisches Restaurant

Völkendorfer Straße 6, Villach

Das japanische Restaurant Sakura ist, trotz seiner Lage am Stadtrand, noch ziemlich zentral gelegen und zu Fuß innerhalb weniger Minuten von beiden Bahnhöfen zu erreichen. Die leckeren Bento-Boxen, die auch als günstige Mittagsmenüs zu haben sind, bieten gesunde und abwechslungsreiche Kost, mit oder ohne Sushi.

► Brauhof

Bahnhofstraße 8, Villach

www.villacherbrauhof.at

Mitten im Stadtkern gehört der Villacher Brauhof zu den traditionsreichsten Gaststätten der Draustadt. Villacher Bier, heimische Schmankalan und internationale Küche – das kulinarische Angebot wird allen Ansprüchen gerecht. Je nach Jahreszeit stehen Spezialitäten-Wochen auf dem Küchenplan. Stets frisch gezapft werden Biere aus Kärntens größter Brauerei angeboten.

► Pizzeria Perfekt
Nikolaigasse 38, Villach
www.pizzeria-perfekt.at
Die Pizzeria hat sich durch leckere Pizze und jugendfreundliche Preise bewährt. Die Innenausstattung besticht durch italienisches Flair; es gibt aber auch einen Lieferservice.

► Schnitzelwelt
Ossiacher Zeile/Ludwig-Walter-Straße, Villach
www.schnitzelwelt.at
Die Schnitzelwelt in Villach liegt direkt an der Ossiacherzeile in Villach. Schnitzelvariationen aller Art, aber auch Fisch und Burger werden hier gebrutzelt, sie können direkt im kleinen Restaurant verspeist oder mitgenommen werden.

► Pizzeria Don Camillo
Ossiacher Zeile 39, Villach
Die Pizzeria Don Camillo liefert seit Jahren herrlichste Pizze in Villach, aber auch gemütlich vor Ort kann man sein Essen genießen.

► Gasthof Kramer
Italiener Straße 14, Villach
www.hotelgasthofkramer.at
Der Gasthof Kramer befindet sich in der Villacher Innenstadt. Wenn man die gutbürgerliche Küche zu einem adäquaten Preis genossen hat, kann man auch gleich ein günstiges Zimmer buchen, denn das Hotel befindet sich im selben Gebäude.

► Mr. Wu
Ringmauergasse 14, Villach
täglich von 11 bis 15 und 17 bis 23 Uhr
www.mrwu.at
Wer auf asiatisches Essen steht und sich in Villach aufhält, sollte unbedingt Mr. Wu besuchen. Das Restaurant zeichnet sich durch Stil und Modernität aus. Die Speisekarte ist nicht zu lang, somit ist Frische nahezu garantiert. Außerdem kommen Sushifreunde ganz auf ihre Kosten. Die offene Schauküche lädt zum direkten Genuss ein. Mr. Wu bietet auch Lieferservice. Mit Gastgarten.

Tanzen, feiern und kennenlernen

Die Villacher sind ein lebenslustiges Volk, das nie aufs Lachen vergisst. Den Beweis treten die Menschen alljährlich bei ihren Faschingssitzungen an, die der Stadt den Beinamen „Narrenhochburg" eingebracht haben. Lustig geht es aber nicht nur im Fasching zu – das ganze Jahr über gibt es Veranstaltungen und Straßenfeste, die Villach zu einem beliebten Reiseziel von Italienern gemacht haben.

Faschingsumzug in Villach

Den größten Event stellt die Villacher Kirchtagswoche mit dem Kirchtag im August dar. Da wird die ganze Innenstadt zum Festareal; die Gaststätten und Lokale verlegen den Ausschank ins Freie und gestandene Villacher verabschieden sich am Donnerstagabend von ihren Lieben, um am Sonntag leicht angeschlagen wieder daheim einzutrudeln.

Kultureller Höhepunkt ist der „Carinthischer Sommer". Dieses Festival klassischer Musik besteht seit über 40 Jahren und hat sich neben den Salzburger und den Bregenzer Festspielen in Österreich einen Namen gemacht. Angesagt im Sommer ist das Ackern inmitten eines Sonnenblumenfeldes oder das große Harley-Davidson-Festival am Faaker See.

Die Lederergasse gilt in Villach als die Partymeile und ist berühmt-berüchtigt. Aber auch außerhalb dieser Gasse gibt es eine Menge Clubs und Bars.

► HALLI GALLI Next Diskothek
Gewerbezeile 8, Villach
Donnerstag bis Samstag und vor den Feiertagen von 21 bis 4 Uhr
www.halli-galli.at
Ab 17 Jahren mit Ausweiskontrolle
Das Halli Galli Next hat Tradition. Der Eintritt ist kostenpflichtig. Geboten werden Special-Nights wie Italo-Disco-Abende mit Star-DJs, Mottopartys, Minishotclubbings, bei denen man bestimmte

Shot-Getränke um nur einen Euro konsumieren kann. Weiters werden Special-Sound-Clubs geboten oder Ladys-Nights. Das Publikum besteht hauptsächlich aus 18- bis 25-Jährigen. Mitglieder können eine Club-Karte beantragen, mit welcher der Einlass vergünstigt ist.

► BLUE EYES

Rathausgasse 3, Villach
Mittwoch bis Samstag 19 bis 2 Uhr
Freitag und Samstag von 20 bis 22 Uhr Happy Hour
Mit gelegentlichen Mottopartys, Musik und Getränkehits für junges Publikum mischt das Blue Eyes seit fünf Jahren in der Villacher Szene mit.

► LOCO Sound-Club

Seilergasse 5, Villach
Mittwoch bis Samstag 20 bis 2 Uhr, freier Eintritt
www.clubloco.at
Abwechslungsreiche Musik bietet der Club im Herzen von Villach, der vor allem alternative Musikfreunde und Teenager sowie Twens anspricht. Von Tech-House über Elektro, Reggae, Hip-Hop, Drum 'n' Bass bis hin zu Alternative, bietet der kleine, aber feine Club alles, was das Herz begehrt.

► P2

Karlgasse 10, Villach
Dienstag bis Samstag 19 bis 2 Uhr
Das P2 ist seit Jahren in der Nähe des Kaiser-Josef-Platzes, mitten in der Villacher Innenstadt, das Szenepub schlechthin. Hier treffen sich vor allem Schüler und Skater, die sich in gemütlicher Atmosphäre bei cooler Rockmusik zu einem anregenden Plausch treffen.

► V-CLUB

Bruno-Kreisky-Straße 33, Villach
Mittwoch bis Samstag von 21 bis 4 Uhr
V-Lounge Montag-Dienstag von 16 bis 24 Uhr
Mittwoch bis Samstag von 16 bis 2 Uhr
Sonntag von 18 bis 24 Uhr
www.vclub-villach.at
Der V-Club gehört zu den größten Clubs in Kärnten. Es gibt auch einen Shuttle-Service von Spittal und Klagenfurt! Römische Lebenslust spiegelt sich in der kolossalen Gestaltung der Tanzarena wider.

Es gibt Speed-Datings und Taxitänzer, im Dancefloor Asia-Club gibt es House- und Dance-Tracks. In der Game-Zone stehen Flipper und Balanka-Tische. Zusätzlich bietet die separate V-Lounge eine Bar mit Chill-Flair. Hier wird ruhiger Soul und RnB gespielt.

► Rathauscafé

Rathausplatz 2, Villach
Montag bis Samstag 7 bis 24, Sonntag 14 bis 24 Uhr
Das berühmte Rathauscafé wird seit Jahrzehnten von der Familie Tosoni betrieben und ist für Jung und Alt eine Top-Adresse. Was sich beim Rathauscafé, kurz „RC" genannt, von anderen Lokalen unterscheidet, ist die Tatsache, dass sich der erste Stock des Cafés hauptsächlich zum Mekka für junge Menschen entwickelt hat, die sich nach der Schule mit der Clique treffen oder abends noch auf einen Drink kommen, um danach die Clubs in Villach unsicher zu machen. Im Erdgeschoss wird die bewährte Kaffeetradition gewahrt.

► die BURG

Lederergasse 24, Villach
Montag bis Donnerstag 19 bis 24, Freitag und Samstag19 bis 2 Uhr
www.dieburg.info
Die Burg ist ein Unterhaltungstempel in der Villacher Lederergasse, in dem sich mehrere Bars aneinanderreihen. Außen und innen entspricht die Burg ihrem Namen – und auf die Ohren gibt's reinsten Rock.

Café Per Du – ein Treffpunkt für Junge

Tipp: Das Villacher Anruf-Sammel-Taxi nutzen! Damit fährt man günstig von 20 bis 5 Uhr nach Hause. Das „VAXi“ fährt nach Betriebsschluss der Buslinien. Der Fahrgast ruft spätestens 30 Minuten vor der gewünschten fahrplanmäßigen Abfahrt seines „VAXi“-Fahrtwunsches die Telefonnummer 04242/411 11 an und wird dann bei der nächsten Haltestelle abgeholt.

► PER DU

Rathausplatz 1, Villach
Montag bis Samstag von 8.30 bis 2 Uhr
Sonntag von 18 bis 24 Uhr
Das Per Du am Rathausplatz bietet sich an für einen Café am Vormittag, einen kleinen Imbiss zu Mittag und am Abend als echter Insidertipp für Nachtschwärmer. Speziell von Donnerstag bis Samstag gibt es zahlreiche Live-Acts DJs, die das Publikum bis in die frühen Morgenstunden entertainen. Coole Drinks und heiße Cocktails sind im Per Du selbstverständlich.

► Bar SOHO

Freihausgasse 13, Villach
www.barsoho.com
Die urbane Bar-Atmosphäre lässt den Abend angenehm beginnen und mit Partylaune ausklingen. Passionierte Barkeeper mixen nicht nur die Cocktailklassiker, sondern können auch auf individuelle Wünsche eingehen (120 alkoholische und alkoholfreie Mixes). Der Sound variiert zwischen R&B, Funk, Jazz unter der Woche und House sowie wohlbekannten Partyklassikern am Wochenende.

► FELLINIS American Bar

Paracelsusgasse 6, Villach
Täglich von 19 bis 2 Uhr
Das "Fellinis", wie es unter Einheimischen genannt wird, hat sich in den letzten Jahren zu einem der absoluten Partykracher entwickelt. Die Stimmung wird hier durch Charts, aber auch durch persönliche Musikwünsche der Gäste in die Höhe geschraubt. Die lockere Atmosphäre mit lustigen Gastronomen und schmackhaften Cocktails trägt ihr Übriges zum Wohlfühlklima bei. Die Bar verfügt über einen Tanzbereich und gemütliche Sitzecken, in denen nach dem Tanzen gechillt werden kann.

Shopping

Über 100 Villacher Geschäfte haben sich in Villach als „City-Shops" zu einer Marketing- und Qualitätsoffensive zusammengeschlossen. Gemeinsam planen sie immer wieder Veranstaltungen oder bieten den „Villach Gutschein", der bei allen teilnehmenden Geschäften und den „Lokalheros" eingelöst werden kann. Außerdem gibt es in jedem City-Shop-Regenschirme, die man für eine geringe Kaution leihen und in jedem Shop zurückgeben kann. Infos zu den Shops, Marken und Aktionen gibt es im Internet auf www.stadtmarketing-villach.at.

► Soho Urban
Gerbergasse 33, Villach
www.sohourban.com
Style and Mode für junge Leute, überwiegend für Skateboarder. Ein Trendstore!

► G-Love
Karlgasse 8, Villach
www.g-love.at
Skate, Snow und Surfen – hier gibt es all das, was hippe Sportfreaks brauchen.

► Rieder Schuhe
Hauptplatz 23, Villach
www.riedershoes.com
Bei Rieder Shoe in Villach gibt es nicht nur Schuhe, sondern auch Bekleidung mit individuellen Geschichten. Junge Designer bekommen hier die Chance, sich potenziellen Kunden zu präsentieren.

► Young Diamonds
Hauptplatz 7, Villach
www.young-diamonds.at
Young Diamonds vertritt speziell für jüngere Menschen eine trendige Schmucklinie zu adäquaten Preisen.

► Liebe Dinge
Hauptplatz 11, Villach
www.liebedinge.at/
Bei Liebe Dinge findet das Trachten- und Designer-Herz, was es begehrt. Einzelstücke und besondere „Gustostückerl" findet man in diesem wunderschönen Shop mitten in Villach.

► Moustache

Hauptplatz 11, Villach
Die trendigsten Modehighlights der internationalen Sportswear-Szene und die größte Jeansauswahl Österreichs mit zehn verschiedenen Marken und über 50 verschiedenen Modellen sind ein guter Grund, bei Moustache reinzuschauen – und zwar for girls and boys!

► Mode Wöss

Moritschstraße 2 und 8.-Mai-Platz 4, Villach
www.mode-woess.at
Wöss steht in Villach und Velden für Stil und Innovation in Sachen Mode. Namhafte Designer präsentieren hier ihre Kollektionen. Nichts für Modemuffel und kleine Brieftaschen!

► Atrio Villach

Kärntner Straße 34, Villach
www.atrio.at
Das Atrio Villach bietet als eines der größten Einkaufszentren Mitteleuropas alles, was das Shopping-Herz begehrt. Zahlreiche Cafés, Restaurants und namhafte Shops fehlen nicht – für die Kleinsten gibt's ein Spielerlebniszentrum.

► Pleamle Shop

Gerbergasse 3, Villach
www.pleamle.com
Pleamle – die etwas andere Blume, das etwas andere Polo! Traditionelle Elemente wie stilisierte Blumenmuster, runde Krägen und metallene Kugelknöpfe verbinden sich mit modernen Schnitt- und Sticktechniken. Besonders angesagt bei den Jungen!

Auch die jungen Villacher kaufen gerne Tracht, zum Beispiel jene vom Label Pleamle.

Relaxen

► Natur-Whirlpool in der Stadt

Oberhalb vom Warmbad Villach auf der Napoleonwiese sieht man die gut erhaltenen Reste der alten Römerstraße. Kaiser Napoleon wollte hier einen Park anlegen, doch das wirklich Besondere an der Napoleonwiese ist das, was man an ihrem Rand findet: ein Natur-Whirlpool mit warmen 28 Grad mitten in der Stadt! Eine kleine Thermalquelle – das Maibachl – entspringt hier und wird von den Einheimischen als heilendes Bad mit ein bis zwei Meter Tiefe genutzt. Der einzige Nachteil: Man weiß nie genau, wann das Maibachl fließt, und wann nicht. Daher Badesachen unbedingt mitnehmen. Für alle, die sprudelnde Quellen lieben, bietet sich das ThermenResort Warmbad-Villach an. Die große Erlebnistherme wird gerade zu einer modernen Wellness-Anlage umgebaut – geplante Eröffnung 2012.

► Tiere erleben

Nur wenige Minuten vom Villacher Stadtzentrum entfernt, liegt ein besonderer Erholungsplatz: Landskron. Rauf auf den Berg – direkt zur Burg Landskron. Hier hat man nicht nur einen traumhaften Blick über Villach und auf den Ossiachersee, es gibt auch eine beeindruckende Adlerflugschau mit einem einzigartigen Greifvogelzoo.

Makaken-Spaß am Affenberg in Landskron

Adlerflugshow auf Burg Landskron

Ein Stück abwärts warten die Affen auf einen: In einem Freigehege erlebt man die „Villacher Makaken“ live. Action und Spaß sind garantiert.
www.adlerflugschau.com
www.affenberg.com
www.burg-landskron.at

► Hausberg nicht verpassen!

Der Gipfel der Gerlitzen liegt in 1911 Meter Seehöhe und ist einer der schönsten Aussichtsplätze Kärntens. Er gilt als der Hausberg der Villacher und ist zu jeder Jahreszeit einen Besucht wert! Rauf geht´s bequem mit der Kanzelbahn oder zu Fuß über Wanderwege. Tipp: Mit dem Auto bis zum Mountain Resort Feuerberg (Berger Alm) fahren, von dort die kurze Strecke zum Gipfel wandern und zum Abschluss einen Kaffee auf der Hotelterrasse genießen.

► Frische Luft tanken in den Alpen

16,5 Kilometer lang ist die Villacher Alpenstraße von Villach-Möltschach (550 m) auf den Dobratsch (1.732 m), allerdings nicht ganz bis zum Gipfel (2.167 m). Gipfelstürmer müssen die letzten Meter zu Fuß absolvieren. Entlang der Straße hat man immer wieder überwältigende Ausblicke auf Villach, die Karawanken, die Julischen Alpen und das größte Bergsturzgebiet der Ostalpen an der Südflanke des Dobratsch. Unterwegs kann man einen Abstecher in den Alpengarten Villach machen.
www.villacher-alpenstrasse.at
www.alpengarten-villach.at
www.naturparkdobratsch.info
www.schuett.at

► Cineplexx Villach

Cineplexx - Kinospaß auf höchstem Niveau!
Maria-Gailer-Straße 39, Villach
www.cineplexx.at
Dieses Kino zeigt auch: Digital Cinema, 3D Digital, Cineplexx Opera.

► V-Bowl Villach

Bruno Kreisky Straße 33, Villach
www.vbowl-villach.at
Im V-Bowl Villach warten 8 moderne Bowling-Bahnen auf die Besucher - Disco-Bowling, Billard-Raum, V-Play und Lounge – alles wird hier geboten.

Outdoor

Der Thrill geht abwärts – egal ob vom Berg runter oder wilde Wasser entlang – Abenteuerlustige und Extremsportler haben in und um Villach eine Menge zu tun. Paragleiten, Gleitschirmfliegen, Canoying, Rafting und vieles mehr. Mitzubringen ist nichts – außer einer Portion Mut!

Paragliding von der Gerlitzen

► Luftige Abenteuer

Die Gerlitzen ist der Treffpunkt für alle Flugfans. Hier starten täglich Paragleiter- und Tandemflieger in alle Himmelsrichtungen mit Blick auf den Wörther-, Faaker- und Ossiacher See (www.tandemfliegen.at). Gleitschirmfliegen und Paragleiten lernt man in der Kärntner Para- und Hängegleiter Flugschule (www.kaerntner-flugschulen.at).

► Rafting und Canyoning auf der Drau, Gail & Möll

www.fitundfun-outdoor.com

Rafting auf der Drau für die ganze Familie: Ausgerüstet mit Neopren, Schwimmweste, Helm und Schuhen geht es flussabwärts. Kosten: 17 Euro! Weiterer Tipp: Ein Teil der Vorderberger- oder Mauthner Schlucht ist besonders im Sommer als Familien- und Jugend-Canyoningstrecke geeignet und bietet die Möglichkeit, auch mit Kindern ab 12 Jahren, das Erlebnis auszuprobieren. Kosten: 30 Euro!

► Kanuwanderungen auf den Seitenarmen der Drau und auf der Gail, Trekking in den Karawanken

Outdoortours Walter Mamedof
Anton-Mahringer Weg 8, Villach
www.freizeitfamilie.at

► Langlaufen

Villacher Alpen Arena
5,4 km Länge
falls notwendig Beschneiungsanlage
www.villacheralpenarena.at
Villacher Alpe - Rosstratte und Alpengarten
2,6 km und 6 km Länge, keine Beschneiung

► Surfen und Segeln

In der Wasserskischule am Ossiacher See ist alles möglich: Von Segeln über Surfen, Kajak, Parasailing, Fahrten mit der berühmten Banane oder mit dem Reifen – hier kommen garantiert keine Vorstellungen zu kurz: Action am Wasser für alle!
www.ossiachersee.net/wasserski.htm
www.blasge.at
Surf- und Segelschule „Pepi“
Karnerhof, Karnerhofweg 10,
Villach-Drobollach
www.pepi.at

Wasserspaß im See

► Schwimmen im See

Öffentliches Freibad Faaker See:
Strandbad Drobollach
Strandbadstraße 61,
Villach-Drobollach
Strandbad Egg
Egger Seeuferstraße 80,
Villach-Drobollach
Öffentliches Freibad Ossiacher See:
Freibad Heiligengestade
Ossiachersee Süduferstraße 167,
Villach-Landskron
Wer's ruhiger mag, schwimmt in den kleineren Seen wie dem Silbersee, dem Magdalensee und dem Vassacher See.

► Schwimmen indoor

Erlebnistherme Warmbad-Villach
Kadischenallee 25-27, Villach-Warmbad
Thermalbad Warmbad-Villach
Kadischenallee 26, Villach-Warmbad
www.warmbad.at

► Gerlitzen Pistenflitzer

www.gerlitzen.com
Angetrieben durch die Schwerkraft geht es mit bis zu 40 km/h die Gerlitzen „Moser-Abfahrt“ bis zur Mittelstation/Kanzelhöhe hinunter, auf der im Winter Skigäste über die Piste wedeln. Es gibt zwei abgesicherte Strecken mit unterschiedlichen Schwierigkeitsgraden.

► Eislaufen
Stadthalle Villach
Tiroler Straße 47, Villach
www.stadthalle.villach.at
Eislaufen am Rathausplatz – nur im Winter!
Rathausplatz 1, Villach

Vassacher See und Silbersee
betreut durch den Eislaufverein Wörthersee
www.evw.at

► Sommerrodelbahn Verditz
www.verditz.at
Mit dem Sessellift geht's von Afritz/See aus hinauf an den Start. Und dann flitzt man 1.100 m talwärts – auf einer der längsten Sommerrodelbahnen Kärntens. 34 Kurven, 197 m Höhenunterschied, 15 bis 25 Prozent Gefälle.

Sommerrodelbahn auf dem Verditz

Fun in the sun rund um den Wörthersee

> „An Kärnten schätze ich die schöne Landschaft mit Seen und Bergen, und die kleinen, aber feinen Städte, in denen man gut bummeln kann."
> *(Jutta, 24, Villach)*

In den 1950er-Jahren blühte der Tourismus rund um den Wörthersee auf. Einiges dazu beigetragen haben damals Stars, zahlreiche Filme und die bekannte Fernsehserie „Ein Schloß am Wörthersee". Heute ist der Wörthersee nach wie vor beliebt bei den Promis, aber vor allem im Sommer geben die Jungen den Ton an und bringen Party an den See. Einheimische genießen in den Strandbädern die Sonne, kühlen sich im frischen Nass ab und machen am Abend die zahlreichen Lokale rund um den See unsicher. Das große Sommer-Opening ist im Mai – Stimmung kommt auf und hält an bis in den Herbst!

Die Wörtherseegemeinden:

Velden: Der klassiche Urlaubs- und Partyort am Wörthersee, berühmt für legendäre TV-Serien, Promi-Treffs, Partys und das Casino, vornehme Villen, und gediegene Hotels. Der elegante Ferienort am Westufer des Wörthersees hat aber auch für Naturliebhaber, Freizeitsportler oder stille Genießer viel zu bieten.

Schiefling: Der kleine Nachbarort südlich von Velden ist ruhig und idyllisch. Günstiger als die Top-Spots, das Richtige für Sportfreaks.

Techelsberg: Hier gibt's coole Mountainbikestrecken und schöne Bademöglichkeiten (Freibad). Außerdem ist man gleich in der Nähe der „Fabrik", der Kult-Discothek am See.

Pörtschach: Schwimmen, Tennis und Golf sind angesagt. Am Monte-Carlo-Platz werden im Sommer Partys gefeiert und man flaniert die Promenade entlang, schaut ins Hausboot und geht dann ins 188er tanzen.

Moosburg: Naturnah und „grün" ist der Urlaub in Moosburg, Golffreunde werden begeistert sein! Events: Arnulffest und Ultra-Triathlon.

Krumpendorf: Der kleine Ort liegt gleich in der Nähe von Klagenfurt. Per Rad oder Inlineskates ist man schnell in der Landeshauptstadt. Das Parkbad lädt zum Sonnenbaden und Schwimmen ein.

Maria Wörth: Die Halbinsel auf der Südseite ist beliebter Hochzeitsort für Verliebte. Im Frühjahr kommen viele Promis in den Ort, um sich in den Gesundheitszentren zu regenerien und im Mai geht so richtig die Party ab: bei den großen Autonews. In diesen Tagen herrscht der Ausnahmezustand, es wird nonstop rund um das steinerne GTI-Denkmal gefeiert.

Keutschach: Hier laden einige Seen zum Baden ein, und es gibt eine Menge Campingplätze, darunter auch das europaweit einzigartig große FKK-Campingangebot. Das Keutschacher Seental ist sehr schön für Wanderungen durch Naturschutzgebiete und es gibt eine Menge ausgebauter Radstrecken.

Must-see: Die Sehenswürdigkeiten

- Sehen und gesehen werden: Das Schloss Velden mit der Uferpromenade.
- Hoch hinaus: Den Pyramidenkogel mit seiner Aussicht auf den Wörthersee. Demnächst soll die Aussichtsplattform durch eine neue ersetzt werden.
- Für Romantiker: Die Marienkirche auf der Halbinsel Maria Wörth.
- Flanieren am Abend: Die Promenade und der Park in Pörtschach.
- Sportlich unterwegs: Wörthersee-Trail zu Fuß oder per Rad eine Runde um den See.
- Schwimmen und Wasserspaß in den vielen Strandbädern. Tretboot ausleihen und raus auf den See!

Ein Mekka für Party- und Sportfreaks – der Wörthersee im Sommer

- Radfahren und Wanderungen im Keutschacher Seental.
- Kultige Party-Locations rund um den See: Fabrik, Bull, Tenne, 188er – hier wird abgeshakt.
- Don't miss: Die Sommer-Events!

Na dann, gute Nacht!

Rund um den Wörthersee gibt es zahlreiche kleine Pensionen und Hotels, die günstige Zimmer bieten. Allerdings darf man nicht in der ersten See-Reihe danach suchen. Eine Ausnahme ist das Jugendgästehaus Cap Wörth. Es liegt direkt am Wörthersee und ist das ganze Jahr geöffnet. Plus: hauseigenes Strandbad, Sportanlagen, Liegewiesen, Park, Wald uvm.

► Cap Wörth
Seecorso 37-39, Velden
www.oejhv.or.at/quartier/9220/9220.htm

Da schmeckt's uns!

In den Touristenorten kann man in vielen Gasthäusern gut und günstig essen. Es kommen überwiegend regionale Speisen auf den Tisch. In den Städten Klagenfurt und Villach, die mit öffentlichen Verkehrsmitteln schnell zu erreichen sind, gibt es eine größere internationale Auswahl sowie bekannte Fast-Food-Ketten. Im Sommer geht man in eine Buschenschenke, einer kleinen bäuerlichen Gaststätte, in der nur regionale, selbstgemachte Produkte angebote werden. Der Klassiker auf der Speisekarte: A Brettljausn - mit Most, Apfelsaft, Brot, Speck, Würsten, Glundner Käs, Kärntner Reindling und vielen Köstlichkeiten mehr.

► Autobahnraststation Wörthersee
Tibitsch 84, Techelsberg
www.moevenpick-gastronomy.com
Super Blick auf den Wörthersee, genau das Richtige zum Brunchen auf der Terrasse. Pluspunkt: Gleich daneben ist der Burger King.

► Ciao Ciao Ristorante-Pizzeria
Töschling 74, Techelsberg
www.ciaociao.at
Pizza, Pasta und Fisch zum Top-Preis. Gewohnte Ciao-Ciao-Qualität.

Tanzen, feiern und kennenlernen

► annaw - Bar & Bistro
www.annaw.at
Hauptstraße 218, Pörtschach
Spitzen-Cocktails, eine gemütliche Terasse, legendäre Partys im Herzen von Pörtschach. Blue Hour bis 20 Uhr: alle Cocktails mit Appetizer zum günstigen Preis.

Nightlife in Pörtschach

► Café-Bar 188 Disco
Hauptstraße 188, Pörtschach
www.cafe-bar-188.at
Tagsüber cooles Café, am Abend trendige Bar mit großer Disco! Hier geht die Party das ganze Jahr über ab! Das Lokal für Junge und Junggebliebene.

► Le Cabaret
Am Corso 17, Velden
www.lecabaret.at
Terrasse täglich von 17 bis 2 Uhr, Club täglich von 22 bis 4 Uhr
International bekannte DJs geben sich im kultigen Le Cabaret die Klinke in die Hand und die Erfolgsgeschichte spricht für sich.

► American Bar Schinakl
Am Corso 10, Velden
www.americanbar.at
Freitag und Samstag von 21 bis 4 Uhr
Ein In-Treffpunkt am Wörthersee: Mitten in Velden, gegenüber dem Spielcasino, direkt am Corso gelegen lädt das Schinakl im Sommer zu stimmungsvoller Musik und gepflegten Getränken ein.

► Monkey Circus
Bahnhofstraße 1, Velden
www.monkeycircus.at
Mit über 300 ausgewählten Drinks präsentiert das Monkey Circus im Herzen von Velden die umfangreichste Coktail-Palette des Landes. Doch nicht nur die Drinks sind Bestandteile des Herzstücks des Lokals, die ausgelassene Stimmung und die Kreativität und Leidenschaft, mit der die Cocktails zubereitet werden, sind ebenso Gründe, der angesagten Bar einen Besuch abzustatten.

► Discothek Crazy Bull
Klagenfurter Straße 17, Velden
www.crazy-bull.com
An der Hauptstraße von Velden nach Pörtschach gelegen, ist die Bar-Disco seit über 30 Jahren einer der Flirt-Tempel der Wörthersee-Region.

► Do & Ga Stehbar
Am Corso 27, Velden
www.doga-cafebar.at

► Bluesiana Rock Café
Franzosenallee 9, Velden
Das Bluesiana bietet ganzjährig qualitativ hochwertige Live-Konzerte. Internationale Künstler kommen auf ihrer Tour gerne in den Kofler-Keller.

► Discotheque Fabrik
Saag, Pörtschach am Wörther See
www.fabrik.at
In der Fabrik sind die Partys mittlerweile zur Legende geworden. Neben der alljährlichen Fête Blanche, deren Höhepunkt zweifelsfrei in der Fabrik statt findet, kann man ausgewählte Clubbings und Events in den alten Fabriksgemäuern besuchen. Die bekanntesten DJs gaben sich hier die Plattenteller bereits in die Hand.

Kult: Die „Fabrik" bei der Fête Blanche

Events

Direkt am Wörthersee findet jährlich der internationalen Beachvolleyball Grandslam statt. Der Kärntner Ironman ist über die Grenzen hinaus bekannt und bietet viele Partys, um das Durchhalten zu feiern. Bei der Fête Blanche erleben tausende Besucher, alle ganz in Weiß, ausgelassene Stimmung, verteilt über mehrere Kilometer am Ufer des Wörthersees. Auf verschiedensten Bühnen gibt's internationale Show-Acts, Modenschauen, Live-Musik und DJs, zu deren Sounds die Menschen auf den Straßen tanzen. Gerade in der Sommerzeit gibt es neben den „mondäneren" Highlights aber auch eine Fülle von regionalen Events, wie Dorffeste oder Zeltfeste, bei denen junge Leute mit ihrer Clique feiern. Weitere Veranstaltungen: Regatten, Triathlons, Marathons, Autoparaden, Drachen-Cup, Märkte, Stadtfeste, Rallyes, Gay- and Lesbian-Festival, Single Cruises.

Outdoor

- Wasserschi, Parasailing, Segeln, Surfen, Wakeboard, Tauchen, Bootfahren, auf der Banane fahren: Wassersport und Schwimmen – das ist im Sommer am Wörthersee angesagt. Es gibt 22 öffentliche Strandbäder, drei am Keutschacher See, eines am ruhigeren Hafnersee und eines am Rauschelesee. Freien Badezugang gibt es bei den kleineren Seen wie dem Forstsee oder Saisersee.

- Für Fischer gibt es 32 Anbieter von Gründen und Fischerkarten. Es gibt 21 bekannte Fischarten.

- Reiten, Sommerrodelbahn, Skaten, Darts, Squash, Tennis, Tischtennis und viele weitere Sportmöglichkeiten sind rund um den See möglich.

- Mit dem Rad eine Runde um den See drehen: Auch für Ungeübte gut in ein paar Stunden zu schaffen. Es gibt einen gekennzeichneten Radeweg. Insgesamt stehen in der Wörthersee-Region 90 Kilometer Radweg zur Verfügung.

- Nicht nur für Wassersportler und Freunde szeniger Strandbars hat der Wörthersee einiges zu bieten. Auch Wanderer haben am und rund um den Wörthersee viel Interessantes zu entdecken. Auf dem 65 Kilometer langen Wörthersee-Höhen-Rundwanderweg kann jeder das richtige Marschtempo und die ideale Route für sich finden. Der Weg führt stellenweise hoch hinauf zu sehenswerten Aussichtspunkten auf den See und auf die schroffen Felswände der Karawanken, vorbei an verträumten Teichen und einladenden Buschenschenken. Wer nicht den ganzen Weg auf einmal gehen will, hat die Möglichkeit kleinere Etappen zu gehen und sich gemütlich mit der Wörthersee-Schifffahrt an den Ausgangspunkt zurückbringen zu lassen. Insgesamt gibt es rund 200 Kilometer markierte Wanderwege und 170 Kilometer Nordic-Walking- und Laufstrecken.

- Golfen: Rund um den Wörthersee gibt es vier Anlagen. Mit Velden, Dellach und Seltenheim zählen drei der Plätze zu den „Leading golf courses of Austria“.

Kärnten: Gut zu wissen!

> Ich mag an Kärnten
> die Städte und das Nachtleben.
>
> *(Nadine, 18, Villach)*

Anreise

► Auto:
Die Anreise nach Kärnten ist am schönsten und bequemsten mit dem Auto über die Autobahnen A 10 oder A 2. Achtung: In Österreich darf auf Autobahnen nur mit einer Vignette gefahren werden! Besonders praktisch ist natürlich, wenn man mit dem fahrbaren Untersatz das Umland erkunden kann. Ein Auto kann am Flughafen Klagenfurt gemietet werden. Elektroroller oder Räder gibt es meist bei den Tourismusämtern in der jeweiligen Gemeinde zum Ausleihen.

► Zug:
Die Zugverbindungen nach Kärnten sind relativ gut, es gibt auch Autozüge. Infos: www.oebb.at. Speziell für Jugendliche gibt es die Site: www.inmotion.oebb.at. Besondere Angebote:

Wer in der Gruppe unterwegs ist, fährt günstiger mit dem Zug.

VORTEILScard <26: Für alle unter 26 (= bis einen Tag vor dem 26. Geburtstag) gibt es die ÖBB VORTEILScard <26. Sie kostet 19,90 Euro und gilt ein Jahr ab Ausstellung. Bis zu 50 Prozent Ermäßigung gibt es in allen Zügen der ÖBB sowie der Privatbahnen mit Ausnahme der Zahnradbahnen und Sonderverkehre.

Das Einfach-Raus-Ticket: Mit dem Einfach-Raus-Ticket können Gruppen von jeweils 2 bis 5 Personen (vom Alter unabhängig) um nur 28 Euro ins Freizeitvergnügen starten. Das Einfach-Raus-Ticket gilt von Montag bis Freitag von 9 bis 3 Uhr (Folgetag) und am Samstag, Sonntag und Feiertag ganztägig in allen Regionalverkehrszügen der ÖBB. Einfach Ticket kaufen und so oft fahren, wie man will. Mit diesem Ticket hat man auch noch weitere Vorteile wie Ermäßigungen bei den Kärntner Ausflugstipps.

► Bus:

In den Städten und außerhalb fahren Busse.
Österreichische Postbus GmbH, Tel. 0810/222333
Stadtwerke Klagenfurt, Tel. 0463/521-542

► Flugzeug:

Klagenfurt hat einen eigenen kleinen Flughafen, und es gibt sowohl aus Deutschland und Großbritannien günstige Flugverbindungen. Täglich gibt es auch eine Linienverbindung von Wien nach Klagenfurt.

Flughafen Klagenfurt
Flughafenstraße 60-64
9020 Klagenfurt am Wörthersee
Tel. 0463/41500-0
www.klagenfurt-airport.at

Ermäßigungen

Kärnten-Card: Von April bis Oktober können Gäste die Kärnten-Card kaufen. Eine Wochenkarte ist günstig und bietet Gratis-Eintritt für über 100 Ausflugsziele in ganz Kärnten sowie weitere Vergünstigungen. Sie kann beliebig oft benutzt werden. Man erhält die Kärnten-Card bei über 140 Verkaufsstellen in ganz Kärnten – wie zum Beispiel in den Tourismusbüros.

Bei vielen Beherbergungsbetrieben gibt es die Kärnten Card für die Dauer des Aufenthalts sogar gratis dazu, einfach nachfragen!

Schüler-, Zivildiener- und Studenten: Für alle drei Gruppen gibt es bei den meisten Ausflugszielen oder Kultureinrichtungen, wie dem Stadttheater Klagenfurt, Ermäßigungen bis zu 75 Prozent. Vor dem Kauf des Tickets danach fragen und bei Bedarf Ausweis vorzeigen!

Internet

In vielen Hotels, Pensionen und Jugendherbegen gibt es die Möglichkeit von W-Lan oder einen eigenen Internet-PC. Alternativ gibt es in jeder größeren Stadt Internetcafés, einige Tipps:

Sir Magic's Internetcafé, Waaggasse 10, 9020 Klagenfurt
Internetcafé Gates, Waagplatz 7, 9020 Klagenfurt
Internetcafé Villach, Nikolaigasse 16, 9500 Villach

In den Ballungsräumen funktionieren mobile Internet-Sticks sehr gut, in den ländlichen Gebieten fehlt oft der ausreichende Empfang.

Notruf

Ärztenotdienst 141
Polizei 133
Feuerwehr 122
Rettung 144
Bergrettung 140

Jugendorganisationen in Kärnten

► AGJ - Arbeitsgemeinschaft der Kärntner Jugendorganisationen
Tarviser Straße 30, 9020 Klagenfurt am Wörthersee
► Aktion Kritischer Schüler
10.-Oktober-Straße 28, 9020 Klagenfurt am Wörthersee
www.aks-kaernten.at/
► Alpenvereinsjugend Klagenfurt
Völkermarkter Straße 9, 9020 Klagenfurt am Wörthersee
www.avj.at/

► Bund Europäischer Jugend
BEJ Landesverband Kärnten,
St. Johanner Straße 13, 9130 Poggersdorf

► Evangelische Jugend
Martin-Luther-Platz 1, 9020 Klagenfurt am Wörthersee

► Junge Volkspartei Kärnten
Bahnhofstraße 20/II, 9020 Klagenfurt am Wörthersee
www.jvpkaernten.at

► Katholische Jugend Kärntens
Tarviser Straße 30, 9020 Klagenfurt am Wörthersee
www.kath-kirche-kaernten.at/jugend

► Katholische Jungschar Kärnten
Tarviser Straße 30, 9020 Klagenfurt am Wörthersee

► Kärntner Kinderfreunde
Anton-Falle-Straße 14, 9580 Drobollach
www.ktn.kinderfreunde.at

► Kärntner Landjugend
Bäuerliches Bildungshaus Schloss Krastowitz
9020 Klagenfurt am Wörthersee
www.ktnlandjugend.at

► Kinderland Kärnten
Benediktinerplatz 5/1, 9020 Klagenfurt am Wörthersee

► Kinderwelt Kärnten
Bahnhofstraße 20/II, 9020 Klagenfurt am Wörthersee

► Kärntner Schülerunion
Bahnhofstraße 20/II, 9020 Klagenfurt am Wörthersee
www.ktn-schuelerunion.at

► Landesschülervertretung für Kärnten
10.-Oktober-Straße 24, 9020 Klagenfurt am Wörthersee
www.lsv-kaernten.at

► Naturfreundejugend
Bahnhofstraße 44, 9020 Klagenfurt am Wörthersee
www.naturfreunde.at/lo-kaernten

► ÖGJ - Gewerkschaftsjugend Kärnten
Bahnhofstraße 44, 9020 Klagenfurt am Wörthersee
www.oegj-ktn.at

► Österreichischer Pfadfinderbund
Keltenstraße 63, 9073 Viktring
www.pfadfinderbund-kaernten.at

► **Pfadfinder und Pfadfinderinnen Österreich**
Landesverband Kärnten, Hammerfeld 25, 9800 Spittal/Drau
www.ppoe.at

► **Ring Freiheitlicher Jugend (RFJ)**
Feldmarschall-Conrad-Platz 4, 9020 Klagenfurt am Wörthersee
www.rfj-ktn.at

► **SJG - Die Junge Sozialdemokratie Klagenfurt**
10.-Oktober-Straße 28, 9020 Klagenfurt am Wörthersee
www.sjg-klagenfurt.net

► **Verband Sozialistischer StudentInnen**
Österreichs – VSStÖ, 10.-Oktober-Straße 28,
9020 Klagenfurt am Wörthersee
www.vsstoe-klagenfurt.at

Öffnungszeiten

► **Geschäfte (durchschnittlich):**
Montag bis Freitag 8 bis 18 Uhr (vereinzelt mit Mittagspause)
Samstag 8 bis 12 Uhr, teilweise bis 17 Uhr
Sonntag geschlossen

► **Ausnahmen:**
Geschäfte am Hauptbahnhof Klagenfurt sind täglich geöffnet (Supermarkt 6 – 21 Uhr, Bäckereien 6 – 20 Uhr, Trafik, Zeitschriften) In Tourismusgemeinden während der Sommer- bzw. Wintersaison teilweise auch sonntags geöffnet.

► **Banken (durchschnittlich):**
Montag bis Freitag 8.30 bis 12.30 Uhr und 14.30 bis 16.30 Uhr
Samstag und Sonntag geschlossen

Post

In jedem größeren Ort gibt es ein Postamt oder einen Post-Partner. Geöffnet meist von 8 bis 18 Uhr, mittags geschlossen

Trinkgeld

In Restaurants und Cafés sind 10 bis 15 Prozent üblich.

Park & Ride

Kostenlose Shuttle-Busse von den Parkplätzen Minimundus und Cinecity in die Klagenfurter Innenstadt.

Parken

In den Städten gibt es gebührenpflichtige Kurzparkzonen – meist blau gekennzeichnet. Parkscheine gibt es beim Parkautomaten in der Nähe oder in Trafiken. Weiters gibt es Kurzparkzonen, die gebührenfrei, aber zeitlich begrenzt sind. Sie sind extra gekennzeichnet und man muss die Ankunftszeit mit einer Parkuhr eingeben. Parkplätze in Shopping-Center, bei Restaurants oder Ausflugszielen sind meist kostenlos. Wenn das nicht der Fall ist, lohnt es sich, nach einem Ausfahrtsticket zu fragen. Parkgaragen in den Städten sind meist relativ teuer, der Vorteil ist aber, dass sie zentral liegen und man so gut wie immer einen freien Parkplatz findet.

Wer nicht mit dem Auto anreist, kann sich in Kärnten gut per Rad, Skates und öffentlichen Verkehrsmitteln bewegen.

Slowenien

> Ich mag an Slowenien, dass es so vielfältig ist. Berge, Seen, Meer, grüne Landschaft – für jene, die ihre Zeit gerne in der Natur verbringen, bietet Slowenien wirklich viel. Wir sind hier große Sportfans. Es ist so klein, dass man in ein paar Stunden von einer Seite des Landes zur anderen fahren kann, und das macht Slowenien so besonders.
>
> *(Natalija, Rogaska Slatina, 23)*

Slowenien ist ein kleines Land, das aber sehr viel zu bieten hat. Es gibt heiße Städte, in denen das Leben am Tag und in der Nacht pulsiert. Ljubljana und Maribor gehören dazu. Es gibt tolle Naturschauplätze und abwechslungsreiche Landschaften wie Berge, Seen oder Ebenen zum Sporteln. Und was vielen ganz besonders gut gefällt: Die Adriaküste mit entzückenden Hafenstädten wie Portorož, Koper oder Piran. Ein Besuch lohnt sich immer!

Hot City: Ljubljana

> „Ljubljana und die Cremeschnitten auf keinen Fall verpassen! Mein Tipp: MPS Jugendsommerschule."
>
> *(Victoria, 16, Aich)*

Die slowenische Hauptstadt Ljubljana ist eine jugendliche und vor Leben sprühende Stadt. Von den rund 276.000 Stadtbewohnern sind ein Fünftel Studenten, die natürlich das ihrige dazu beitragen, der Stadt ihren besonderen Charme zu verleihen. Entlang des Flussufers der Ljubljanica gibt es zahlreiche Cafés, die zu allen Jahreszeiten und Uhrzeiten dicht bevölkert sind. In der Altstadt finden sich zahlreiche Clubs und Party-Locations – auch viele Events und Kulturveranstaltungen werden geboten. Es gibt einen sehr schönen Besichtungsweg durch Ljubljana, der an den interessantesten Sehenswürdigkeiten vorbeiführt.

Tipp: Ein Besuch der Tourismuszentrale der Stadt lohnt sich: kostenlose Slowenischkurse, digitale Stadtführer, Fahrräder, Internet, Souvenirs oder die Ljubljana-Card, die viele Vergünstigungen bringt, gibt es hier. Adresse: Stritarjeva ulica, Ljubljana. Weitere Infos: www.visitljubljana.si

Ljubljana von oben entdecken

Must-know

Rauf auf die Burg, zum Aussichtsturm

- Der Legende nach soll Ljubljana vom griechischen Helden Jason gegründet worden sein. Jason raubte dem König von Kolchis das Goldene Vlies. Mit seinen Gefährten floh er dann auf dem Schiff Argo vor den Verfolgern. Statt auf dem Ägäischen Meer in den Süden zu fahren, gerieten die Argonauten aber irrtümlicherweise in die Mündung der Donau. Ihr Weg ging auf der Save weiter bis zur Ljubljanica. Schließlich kamen sie zur Quelle der Ljubljanica bei Vrhnika mit einem großen See und Moor. Jason stieß dort auf ein furchtbares Ungeheuer, das er aber im Kampf besiegen und töten konnte. Diese Ungeheuer soll der Drache von Ljubljana gewesen sein, der noch heute das Stadtwappen ziert.
- Die erste Besiedelung gab es rund 2000 Jahre v. Chr.
- Die Römer erichteten in diesem Gebiet ein Militärlager, die sogenannte Iulia Emona wurde zu einer blühenden Stadt.
- Hunnen vertrieben die Römer. Die nächste dauerhafte Siedelung ist aus dem früheren Mittelalter belegt.
- Der Name Ljubljana wurde zwischen 1112 und 1115 erstmals erwähnt.
- In der zweiten Hälfte des 13. Jahrhunderts wird Ljubljana die Hauptstadt des Landes Krain, das 1335 den Habsburgern zufiel.
- 1511 zerstörte ein Erdbeben große Teile der Stadt.
- Allgemeinen geistigen Fortschritt mit Mittelschule, öffentlicher Bilbliohek und Druckerei brachten Protestantismus und Reformation mit sich.

Ljubljana ist eine junge Stadt.

- 1593 wird die Stadt erfolglos von den Türken belagert.
- Zu Beginn des 19. Jahrhunderts kam die Stadt unter französische Herrschaft.
- 1849 kam der erste Eisenbahnzug aus Wien nach Ljubljana.
- 1895 erschüttert ein schweres Erdbeben die Stadt.
- 1901 gab es die erste Straßenbahn.
- Nach dem Ersten Weltkrieg wurde Ljubljana von der Habsburger Monarchie losgelöst.
- Nach dem Zweiten Weltkrieg wurde Ljubljana die Hauptstadt Sloweniens, einer der sechs Republiken der Sozialistischen Föderativen Republik Jugoslawien.
- Am 23. Dezember 1990 stimmten die Slowenen für die Selbstständigkeit ihres Staates.
- Am 25. Juni 1991 erklärte Slowenien seine Unabhängigkeit. Dadurch wurde Ljubljana zur Hauptstadt des unabhängigen Staates Slowenien.
- Das Stadtbild ist geprägt durch den slowenischen Architekten Jože Plečnik.
- Seit 2004 ist Slowenien bei der EU, seit 2007 gibt es in Slowenien den Euro.

Must-see: Die Sehenswürdigkeiten

- Die Burg von Ljubljana thront auf einem Hügel oberhalb der Stadt. Es führen mehere Wege hinauf. Wer keine Lust auf einen Spaziergang durchs Grüne hat, kann ganz bequem innerhalb einer Minute mit der Seilbahn hochfahren. Es wartet ein wunderbarer Ausblick über die Stadt, auch die Treppen rauf zum Aussichtsturm zahlen sich aus. Am Fuße des Turms gibt es im virtuellen Museum eine Show über die Stadtgeschichte.

- Der Platz Prešernov trg wurde nach dem slowenischen Poeten France Prešeren (1800-1849) benannt. Eines seiner Gedichte wurde zur Nationalhymne.

- Ein Spaziergang durch die Altstadt mit Mestni trg und Stari trg in Gornji trg.

- Ein Kaffee im Freien am Ufer der Ljubljanica gehört dazu! Von der Drachenbrücke (Zmajski most) bis zur St.-Jakobsbrücke (Šentjakobski most) gibt es eine Vielzahl von Cafés und Konditoreien, in denen man das bunte Stadtleben genießen kann.

- Über 4500 Pflanzenarten wachsen im Botanischen Garten von Ljubljana. Der ideale Ort für einen ruhigen Spaziergang. www.botanicni-vrt.si

Wunderschöner Garten vorm Tivoli Mansion

- Der Zoo befindet sich am Südrand des Waldhügels Rožnik, zu Fuß rund 20 Minuten vom Stadtzentrum entfernt. Auch mit Hund besuchbar! www.zoo-ljubljana.si

- Nicht verpassen: die Drachenbrücke!

- Tivoli-Park mit Schloss und Moderner Galerie: Treffpunkt für die Jugend und Open-Air-Veranstaltungsort.

- Schloss Bistra beherbergt das slowenische Technische Museum.

- Bibliothek unter Baumkronen: Jedes Wochenende im Tivoli-Park laden Bücher und Zeitschriften zum Schmökern ein.

Na dann, gute Nacht!

In Ljubljana gibt es viele günstige Übernachtungsmöglichten – auch viele Couchsurferangebote. Weiters gibt es eine Menge Jugendherbergen oder Youth Hostels. Infos: www.ljubljana.info/hostels

> „Ich mag die Gastfreundlichkeit und Geselligkeit in Slowenien."
>
> *(Judith, 16, Neuhaus)*

► **Hostel Celica**
Metelkova ulica 8, Ljubljana
www.hostelcelica.com
Ganz in der Nähe vom Bahnhof ist das Hostel Celica, mitten in der Metelkova town, das Zentrum des hiesigen Untergrund-Nachtlebens. Es gibt ein Restaurant, das auch von Nicht-Hostelgästen gerne besucht werden kann.

► **Vila Veselova**
Veselova 14, Ljubljana
www.v-v.si
Die traditionelle Villa in der Nähe des Tivoli-Parks ist ein symphatisches Hostel. Von hier gelangt man zu Fuß leicht ins Zentrum und ist ganz nahe bei den Open-Air-Events. Die Räume sind bunt ausgemalt, es ist sauber und das Personal ist sehr freundlich und hilfsbereit.

► **Hostel Alibi**
Cankarjevo nabrezje 27, Ljubljana
www.alibi.si
Das Hostel Alibi ist super zentral, direkt in der Nähe des Flusses und der Altstadt. Rund um das Hostel gibt es viele Bars, daher sind die Zimmer zur Straßenseite vielleicht nicht ganz so ruhig.

► **Hostel Simbol**
Gerbičeva 46, Ljubljana
www.simbol.si

► **Hostel and Hotel Park**
Tabor 9, Ljubljana
www.hotelpark.si

► Youth hostel Ljubljana
Litijska 57, Ljubljana
Telefon: 00386-1-548-00-55

► Working Inn (im Bit Center)
Litijska 57, Ljubljana
www.bit-center.net
Das Hostel ist im Gebäude des Bit Center Budget Hotels. Mit dem Rad ist man in 15 Minuten in der Stadt. Die Räder können direkt bei der Rezeption ausgeborgt werden. Plus: Badminton, Squash, Tischtennis, Sauna.

► Ljubljana Resort Hotel & Camping
Dunajska 270, Ljubljana, www.ljubljanaresort.si
Das Ljubljana Resort ist eine Hotel-, Freizeit- und Sportanlage am Fluss Sava am nördlichen Stadtrand von Ljubljana mit Hotel***, Campingplatz****, mobilen Ferienhäuser, Gasthaus Štern sowie Strandbars und Bistros in den Sommermonaten, Erlebnisbad Laguna Ljubljana mit Stadtstrand, Mehrzweckhalle, Sportcenter mit Sporthalle und eine Vielfalt an Outdoor-Sportmöglichkeiten, außerdem gibt's einen Beauty-Corner.

Studentenwohnheime, die überwiegend in den Ferien ihre Pforten für Besucher öffnen:

► Youth Hostel Tabor
Vidovdanska cesta 7, Ljubljana
www2.arnes.si/~ssljddta4

► Bežigrad
Kardeljeva ploščad 28, Ljubljana
www.hostel-ddb.si

► Dijaški dom Ivana Cankarja
Poljanska 26-28, Ljubljana
www.dic.si

► Dijaški dom Poljane
Potočnikova 3, Ljubljana

► Dijaški dom Šiška
Aljaževa 32, Ljubljana
www.ddsiska.com

Da schmeckt's uns!

Die Slowenen brauen ihr eigenes Bier. Union, Zlatorog und Laško sind die heimischen Marken. Am Abend ist ein Pivo sehr beliebt, zum Essen greifen die Slowenen dann aber doch lieber zum – slowenischen – Mineralwasser oder Wein.

► Parma
Trg Republike 2, Ljubljana
Kleine, aber feine Pizzeria. Auch zum Mitnehmen! Essen ab vier Euro – extrem günstig.

► Prenočišča Šiška
Celovška cest 166, Ljubljana
www.prenocisca-siska.si
Der Stadtteil Šiška ist bei den Studenten sehr beliebt. Daher gibt es hier nicht nur günstige Unterkünfte, sondern auch Imbisse und Mittagessen fürs kleine Geldbörserl.

► Bachus Center
Kongesni trg 3, Ljubljana
www.bachus-center.com
Ein In-Lokal unter jungen Leuten, nicht zuletzt, weil es preiswerte Menüs gibt.

Lokale für jeden Geschmack

> McDonald's ist meistens die billigste Variante in ganz Europa. Doch wer typisches slowenisches Essen probieren möchte, sollte ins Restaurant Lovec, Figovec oder Bachus gehen.
>
> *(Natalija, Rogaska Slatina, 23)*

► **Plac**
Vom Marktplatz ein paar Schritte Richtung Drachenbrücke: klein und fast unscheinbar, ein Schild und ein paar Tische. Hier gibt es traditionelles Essen ab zwei Euro.

► **McDonald's**
Čopova 14, Šmartinska 152, Jurčkova 232, Ljubljana

► **Hot horse**
Celovška 25, Trubarjeva 31, Ljubljana

► **Falafel**
Trubarjeva 40, Ljubljana

► **Subway**
Slovenska 55, Ljubljana

► **Tomato**
Šubičeva street 1, Ljubljana
Hier gibt es frische und leckere Sandwiches.

► **Paninoteka**
Jurčičev trg 3, Ljubljana

► **Kiosk (Balkan Spezialitäten)**
Es gibt zehn Kioske in Ljubljana, die bis spät in die Nacht geöffnet haben.

► **Campus der Universität**
Die Mensa der Universität bietet verschiedene Menüs, die von 12 bis 21.30 Uhr serviert werden. Ab 16 Uhr gibt es nur noch à la carte.

Tanzen, feiern und kennenlernen

In Ljubljana fällt das Fortgehen recht schwer – weil es so eine große Auswahl an Möglichkeiten gibt! Es ist wirklich für jeden Geschmack etwas dabei. Ältere Studenten feiern gerne bei sich zu Hause private Partys oder fahren zum Feiern ins Wochenendhaus.

Seit vielen Jahren ist Ljubljana auch bekannt für ihren offenen Umgang mit der Gay- und Lesbian-Szene. Dementsprechend gibt es viele Cafés, Nightlife-Bars, Sauna und Massage-Locations für gleichgeschlechtrige Singles und Paare.

„Im Sommer gibt es viele Konzerte und Open-Air-Kino auf der Burg. Besonders nett ist es, am Flussufer zu verweilen, hier kann man super mit Freunden abhängen. Wer gerne tanzt, ist in Ljubljana im Ultra, Bachus, Top oder As richtig."

(Tina, Ljubljana, 24)

Die beliebsten Locations

► Orto bar Ljubljana
Grabvlovičeva 1, Ljubljana
Die Rock-Bar bietet Tischfußball, liegt ein wenig außerhalb des Zentrums, ein kurzer Spaziergang von Metelkova town entfernt.

► Bachus
Kongresni trg 3, Ljubljana
Jeden Mittwoch und Donnerstag Studentenparty!

► Top–Eat & Party
Tomšičeva 2, Ljubljana
Für alle ab 21+. Im sechsten Stock des Hochhauses wird im Zentrum vom Ljubljana abgefeiert.

► Jazz club Gajo
Beethovnova 8, Ljubljana
Im Herzen von Ljubljana erklingt Jazz-Musik: Jeden Montag ab 21 Uhr Jam-Sessions.

► Emonska
Plečnikov trg 1, Ljubljana

► As
Čopova 5a, Ljubljana

► Club K4
Kersnikova 4, Ljubljana
Gay-Party immer Sonntag abends

► Cvetličarna Mediapark
Kranjčeva 20, Ljubljana

► Disco Fun Factory
Rudnik, Ljubljana
Außerhalb von Ljubljana, im Industriegebiet Rudnik, ist eine große Disco mit zwei Dancefloors angesiedelt. Die Musik und das Programm wechseln: Techno, House – alles dabei.

Tanztempel in der Stadt

► Kavarna SEM
Metelkova 2, Ljubljana
Jeden Donnerstag Swing-Party, jeden Freitag Salsa- und Swing Party

► Tango bar
Šmartinska 106, Ljubljana
Samstag ist Salsa-Night!

► Lunapark
Koblarjeva 34, Ljubljana

► Bolero
Prušnikova 99, Ljubljana
Etwas außerhalb der Stadt, Salsa-Stimmung!

Alternativ Nightlife-Tipp

► Metelkova town
Früher einmal ein Gefängnis, heute Party-Location mit „fesselnder" Atmosphäre: In Metelkova town gibt es regelmäßig Konzerte, DJs spielen auf – es gibt Party, und zwar an sieben Tagen pro Woche. Vor allem aber am Wochenende rockt die Town. www.metelkova.org

Besonderes Event: High-School-Graduates-Quadrille, einmal im Jahr

Events

► Graduation Parade: Der größte synchronisierte Tanz der Welt, immer im Sommer.

► Pozdrav poletju: Das ist eine traditionelle Ein-Tages-Party am Ende des Schuljahres. Die Sommerzeit und die Ferien werden jedes Jahr in Ljubljana auf dem Kongresni trg begrüßt.

► Summer Festival: Das älteste slowenische Festival. Sieben Tage gibt´s Programm mit Musik (z.B. Jazz- und Ethno-Konzerte), Performances, Ausstellungen und vielem mehr.

► Den Künslter in sich entdecken. Entlang des Flusses und auf der Schusterbrücke stellen ab April Künstler ihre Werke aus. Wer selbst kreativ werden möchte, kann beim Info-Point vom Art-Market vorbeischauen und an einem kostenlosen Workshop teilnehmen.

► Das Internationale Jazzfestival im Juni zählt zu den ältesten der Welt, immer einen Besuch wert.

► Andere Musik erleben: Das Festival Druga godba im Mai lässt an verschiedenen Veranstaltungsorten die Bühnen beben – angefangen von portugiesischen über afrikanische bis hin zu Ethno-Electronic ist alles vertreten.

► Sloweniens Woodstock: Jeden ersten Mittwoch im Mai bevölkern tausende Studenten den Tivoli-Park und feiern. Höhepunkt sind die Konzerte am Abend, ausgelassener Markt mit Massenparty.

► Studentenparty: brucovanje – parties for freshmen und škisova tržnica – Federation of student clubs in Slovenia (Zveza ŠKIS) organisieren jedes Jahr ein großes Event in Ljubljana. Dabei werden über 50 Studentenclubs vorgestellt, am Abend wird gefeiert mit einem riesigen Konzert und angesagten heimischen Bands.

Shopping

> Ljubljana ist der beste Ort zum Shoppen.
>
> *(Natalija, Rogaska Slatina, 23)*

In den Fußgängerzonen der Altstadt kann man herrlich bummeln. Es gibt viele Boutiquen und Geschäfte. Trödelläden und Galerien findet man ebenfalls in Hülle und Fülle – der Sonntagvormittag lädt der Flohmarkt zum Stöbern ein. Der Marktplatz zwischen den Drei Brücken und der Drachenbrücke ist farbenfroh und ein guter Tipp fürs günstige Einkaufen. Allerdings endet der Markt um 16 Uhr!

► **Dolce & Gabbana Outlet**
Cankarjeva 10, Ljubljana
Ein einzigartiges Shopping-Erlebnis, nur geöffnet von 16 bis 19 Uhr. Nicht abschrecken lassen vom Schild „For members only".

► **Made in Slovenia**
Slovenska 23, Ljubljana
www.madeinslovenia.net
Für echte Souvenirs aus Slowenien.

► **Shopping-Center:** Geballte Mode gibt es in den Einkaufszentren außerhalb der City. Eines der größten Shopping-Center ist die BTC City. Es gibt 450 kleinere und gößere Geschäfte. Darunter auch einige Outlet-Stores und eine Menge Cafés und Restaurants. Durch die BTC City fährt ein kostenloser Bus! (www.btc-city.com) Ein weiteres großes Einkaufszentrum ist der City-Park. Riesige Auswahl! (www.city-park.si) Nur 15 Minuten vom Zentrum entfernt gibt es das Mercator-Center Ljubljana. (www.mercator.si) Ebenfalls groß und neu ist Supernova. (www.supernova.si) Auch sonntags geöffnet.

Tolle Shopping-möglichkeiten

Outdoor

> „Für mich hat Sport Priorität: Schwimmen, Mountainbiken, Radfahren, Skifahren – das Beste daran ist, in Slowenien kann man das alles machen."
>
> *(Tina, Ljubljana, 24)*

Natur und Sport ist den jungen Slowenen sehr wichtig. Daher ein paar Tipps für die verschiedenen Bewegungsmöglichkeiten in und um Ljubljana:

- Eine Wanderung im Moor von Ljubljana, einem besonderen Naturreservat. Hier gibt es 250 Vogelarten und 150 Quadratkilometer Platz zum Erkunden.

- Vace, das geometrische Zentrum von Slowenien, eignet sich ebenfalls gut zum Walken.

- Eine Bootsfahrt auf der Ljubljanica im Sommer ist herrlich erfrischend. Doch die normalen Besichtigungfahrten sind viel zu langweilig. Spannender sind die Nachtfahrten oder die romantischen Fahrten für Verliebte. Sonntags gibt's Feines aus der Kombüse.

- Mit dem Rad die Stadt erkunden, macht super viel Spaß!

- Im Sommer kann man im Stadtzentrum ein Kanu oder ein Ruderboot für bis zu sechs Personen ausborgen und selbst den Fluss erkunden.

- Ende Juni gibt es den Triathlon in Ljubljana. Entweder selbst mitmachen oder zumindest anfeuern! Auch der Ljubljana Marathon ist ein große Sportereignis.

- Während des Zweiten Weltkrieges war Ljbuljana von einem Stacheldraht umgeben. Nach der Befreiung wurde der Stacheldraht entfernt und ein rund 35 Kilometer langer Gedenkweg angelegt. Toll zum Laufen, Nordic Walken, Skaten, Radfahren oder Spazieren.

- Die Wasserstadt Atlantis ist eine super Schlechtwetteralternative. Auf 15.000 Quadratmetern gibt es 15 Becken mit Saunabereich und Wellness oder Fitnessgeräten.

Maribor – eine Stadt am Wasser mit viel Grün

Hot City: Maribor

> „In Maribor darf man auf keinen Fall unsere Partys in den lokalen Clubs wie Rožmarin verpassen. Die besten Cocktails genießt man im Niagara Club, mit dem Lift geht es dann in die Höhe, um Maribor bei Nacht zu sehen und anschließend kann man in Pohorje im Hostel Videc übernachten."
>
> *(Miha, 21, Maribor)*

Maribor ist die zweitgrößte Stadt Sloweniens und liegt am Flussufer der Drau sowie des Pohorje-Gebirges. Geprägt ist Maribor durch seine stürmische Geschichte, die reiche Weintradition – die älteste Rebe der Welt gibt es hier –, sowie das abwechslungsreiche kulturelle Leben. Dank der Universität gibt es in der Stadt sehr viele junge Menschen, ein pulsierendes Zentrum und viele Unterhaltungsmöglichkeiten. Der mittelalterliche Stadtkern mit den verwinkelten Gassen, Durchgängen und Plätzen lädt zum Flanieren ein, relaxt wird in der eigenen Heiltherme oder im Skigebiet vor der Haustüre. Am Abend geben Künstler und Studenten den Ton an, in Pubs und Restaurants geht die Post ab.
Infos: www.maribor-pohorje.si oder www.maribor.travel

Must-know: Ein bisschen Geschichte

- Die ältesten Siedlungsspuren gehen bis in die jüngere Steinzeit zurück.
- Während der Römerzeit gab es keine größeren Siedlungen.
- Erst wieder im 12. Jahrhundert wird die Stadt erwähnt, als der Kärntner Herzog Bernhard von Spanheim auf der Piramida, dem Stadthügel, eine Festung errichtet. Sie wurde als Burg in der Mark bezeichnet.
- 1254 bekam Maribor die Stadtrechte verliehen.
- Der Handel blühte, auch jener mit Wein.
- Stürmische Zeiten und viele Katastrophen prägten die Stadt, viele Gedächtnisstätten erinnern daran.
- Das Haus der alten Rebe war einst Bestandteil der Wehrmauer der Stadt Maribor. Errichtet wurde das Gebäude im 16. Jahrhundert.
- Im 18. Jahrhundert bekam die Stadt einen Modernisierungsschub, die Trasse von Wien nach Triest wurde in Betrieb genommen.
- 1991 wird Maribor zur zweitgrößten Stadt der Republik Slowenien.
- Im 20. Jahrhundert präsentiert sich Maribor als moderne, lebendige Stadt.
- Maribor ist 2012 Kulturhauptstadt Europas.

Must-see: Die Sehenswürdigkeiten

- Der Hauptplatz Glavni trg mit der Pestsäule und altem Rathaus.
- Die älteste Rebe der Welt steht am Lent von Maribor. Sie wurde vor über 400 Jahren gepflanzt. Rund um sie findet man einiges über die Weintradition und Weinkultur in Maribor.
- Lent ist ein Stadtteil an der Drau. Mit alten Bürgerhäusern und engen Gässchen, deren Namen an die alte Handwerkstraditionen in der Stadt erinnern.

- Sehenswert ist die Stadtburg mit dem Regionalmuseum.
- Im alten Wasserturm ist eine Vinothek untergebracht. Selbstverständlich mit Verkostungsmöglichkeit.
- Ruhe genießen im Stadtpark und im Botanischen Garten.
- Tierisches erlebt man im Aquarium und Terrarium.
- Nicht versäumen: Vinag, die größte Weinkellerei in Slowenien, mit sieben Millionen Liter Wein. Die Weinkellerei ist über 200 Jahre alt.
- Vom Kalvarienberg hat man einen tollen Ausblick über die Stadt.
- Vom Stadtpark gibt es einen Weg auf den Stadthügel Piramida. Toller Ausblick, Gehzeit rund eine halbe Stunde.

Na dann, gute Nacht!

In Maribor gibt es viele Studentenwohnheime und Hostels. Ein paar Tipps:

► Youth Hostel Uni
Volkmerjev Prehod 7, Maribor

► Maribor-Ruse
Youth Hostel Ruse
Dljaski Domgsks Solska 16, Ruše
www.hihostels.com
Gruppen sind sehr willkommen, Preis pro Bett ab14 Euro

► Alibi
Cafova 2, Maribor
www.alibi.si
Eine alte renovierte Villa mit komfortablen Betten und kostenlosem Internet. Preis ab 17 Euro.

► Lollipop
Maistrova 17, Maribor
In der Nähe vom Bahnhof.

Die älteste Rebe der Welt steht in Maribor.

► **Uni**
Volkmerjev prehod 7, Maribor
www.termemb.si
Frühstücksbuffet und zentrale Lage, Preise ab 24 Euro.

► **Apartment Jurič**
Naveršnikova 4, Maribor
Appartements in der Nähe von Pohorje, nur wenige Minute bis zur Seilbahn.

► **Terme Radenci**
Zdraviliško naselje 12, Radenci
www.zdravilisce-radenci.si
Die Radenci-Therme hat eine lange Tradition und bietet viele Pools, zwei Hotels und Ayurveda.

► **Terme SPA Rogaška**
Zdraviliški trg 12, Rogaška
www.terme-rogaska.si

Junge Slowenen sind stolz auf ihr Land.

> Wir mögen es, in guten Restaurants zu essen, wir gehen gerne ins Kino, trinken einen Kaffee mit unseren Freunden oder treffen uns zu einer Party oder auf einen Drink in einem Club.
>
> *(Miha, 21, Maribor)*

Da schmeckt's uns!

Klar, in Maribor dreht sich vieles rund um den Wein. Schließlich wachsen die Reben direkt vor der Nase. Die traditionelle Küche erinnert stark an die steirische – Brot, Verhackerts, Kürbiskernöl, Omlette oder Äpfel gehören dazu.

► Al Capone
Pobreška cesta 18, Maribor
www.alcapone.si
Studentenbonus auf Pizze und Pasta!

► La Storia – Trattoria
Slovenska c. 2, Maribor
www.lastoria.si
Eigene Studentenmenüs! Hier kann man sich richtig satt essen.

► Cantante Café
Koroška ulica 62, Maribor
Kubanisches Flair im Zentrum von Maribor. Mojito, Cubada, Cuba Libre, Piña Colada, Margarita stehen genauso auf der Karte wie lekkere Essen und lateinamerikanische Musik.

► H20 Fusion Café
Žolgarjeva 19, Maribor
Studentenausweis nicht vergessen – dann gibt's Ermäßigung aufs Essen.

► žajfa
Ob Bregu 20, Maribor
www.zajfa.si

Tanzen, feiern und kennenlernen

Die Studenten der Stadt treffen sich im KMŠ (Klub mariborskih študentov), dem Studentenclub der Mariborer. Es ist ein angesagter Tanz-Club und der Ort, an dem Kontakte geknüpft werden und geflirtet wird. Einen Einblick in das rege Treiben im KMŠ gibt es auf Facebook oder auf www.klub-kms.si.

► Rožmarin
Gosposka 8, Maribor
www.rozmarin.si.
Die Weinbar ist es netter Ort, um in geselliger Runde einen Snack zu sich zu nehmen. Immer wieder gibt es Spezial-Veranstaltungen wie Salsa-Abende.

► ŠTUK
Gosposvetska 83, Maribor
Wenn im ŠTUK die einheimischen Studenten feiern, kann es spät am Morgen werden. Günstige Drinks und ein Musik-Mix aus internationalen Hits und regionalen Rennern bringen Party-Stimmung.

► Niagara Bar Lounge
Ulica Talcev 24, Maribor
Die Fans von der Niagara Lounge Bar kann man vorab virtuell auf Facebook treffen.

> Studenten treffen sich in Maribor im KMŠ, dem „Klub mariboskih študentov.
>
> *(Staša, 24, Menges)*

Events zum Abfeiern

► Lent-International-Summer-Festival in Maribor: verschiedene Bühnen, mehr als 400 Performances und mehr als halbe Million Besucher, so feiert Maribor im Sommer.

► Festival des Biers und der Blumen in Cvetje: Das Festival rund um den Gerstensaft ist eines der größten Events in Slowenien. Jedes Jahr pilgern über 140.000 Besucher für fünf Tage in die kleine Stadt Laško. www.pivocvetje.com

Shopping

Obwohl es in der Innenstadt von Maribor viele kleine Geschäfte gibt, zieht es die jungen Leute vor allem in die großen Shopping-Malls rund um die Stadt. Und davon hat Maribor genug. Eines der beliebtesten ist der Europark (www.europark.si) mit über 120 Shops, Restaurants und Cafés. Auch sonntags geöffnet. Das City Center Celje (www.city-center.si) ist noch ein Shopping-Center der älteren Generation, aber durchaus mit attraktivem Shopangebot.
Ein kleiner, aber feiner Shoppingtempel sind die Galerija Gosposka (www.galerijagosposka.si). Ein Klassiker ist das Mercator-Center (www.mercator.si). Weiters gibt es noch das Planet Tuš (www.planet-tus.com).

Outdoor

Maribor ist eine sehr sportliche Stadt. Viele große internationale Spitzen-Sportevents werden hier ausgetragen. Der alpine Ski-Weltcup der Damen gastiert seit vier Jahrzehnten auf dem Pohorje-Gebirge. Internationale Fußballfeste im erneuerten Stadion Ljudski vrt locken viele Besucher an, genauso wie die internationalen Hockey-, Schwimm-, Radwettkämpfe und Wettschießen. Maribor ist 2013 Austragungsort der 26. Winter-Universiade.

► Aufregend ist die Floßfahrt auf der Drau.

► Romantische Wanderungen führen durch die Weinberge.

► Pohorje – mit der Seilbahn auf den Gipfel des Pohorje-Gebirges auf 1040 Meter Seehöhe und die Bergluft genießen. In der kalten Jahreszeit steppt in Pohorje der Bär, schließlich ist es eines der größten Wintersportzentren Sloweniens inklusive Wellness-Zentren! Après-Ski-Partys stehen auf der Tagesordnung!

► Mit dem Rad durch die Stadt und ein Stück die Drau entlang! Schwimmen, Rudern oder Floßfahren auf den Seen der Drau. Wanderungen den Weinstraßen entlang.

► Das Športni center Pohorje bietet Adrenalin pur: Hochseilgarten, PohorJet, Slack Line Park, Sommerrodelbahn, Ballonfahrten, Reiten, Gebirgs-Wellness, Energetischer Weg und vieles mehr.
www.pohorje.org

Fun in the sun: Bled

Romantisch und sportlich – das ist Bled. Romantisch, weil Bled an einem idyllischen See liegt, der bekannt für die Insel in seiner Mitte ist. Sportlich, weil es hier alles für Bewegungshungrige gibt: Wassersport, Wandern, Rafting, Fliegen ... In Bled kann man perfekt in der Natur relaxen, frische Luft tanken und die Seele baumeln lassen.

Tipp: Bekannt ist Bled für die IEDC Bled School of Management (www.iedc.si). Sie wurde 1986 gegründet und ist eine der ersten Adressen in Sachen Ausbildung.

Must-know: Ein bisschen Geschichte

- Erste Spuren von Besiedelung in Bled stammen aus der Steinzeit.
- Die ersten slawischen Siedler kamen im 7. Jahrhundert, die zweite slawische Besiedelungswelle folgte etwa zwischen dem 9. und 10. Jahrhundert. Funde von damals sind im Schlossmuseum ausgestellt.
- Nach dem Zeitalter der slawischen Staaten kam die Region zuerst unter fränkische (Karl der Große, 782), später unter deutsche Oberhoheit.
- 1004 schenkte der deutsche Kaiser Heinrich II. Bled und später auch das Schloss dem Bischof Albuin von Brixen.
- Mitte des 14. Jahrhunderts verpachteten die Bischöfe von Brixen die Besitztümer an die Familie von Kreigh.
- 1515 gab es den Bauernaufstand.
- 1558 wurde das Schloss Bled von Herbert VIII. von Auersperg übernommen.
- Bis Mitte des 18. Jahrhunderts wurde das Schloss an Adlige, später jedoch auch an Bürger verpachtet. Danach wurde es staatliches Eigentum. Es folgten turbulente Zeiten mit unterschiedlichen Besitzern.

- Während des Zweiten Weltkriegs befand sich in Bled der Sitz der Militär- und Zivilverwaltung der deutschen Besatzungsmacht.
- 1960 erhielt Bled das Stadtrecht.

Must-see: Die Sehenswürdigkeiten

- Top-Sehenswürdigkeit ist der See selbst mit seiner Insel und der Marienkirche. Mit der „plenta“ geht es über den See zur Insel. Viele slowenische Paare lassen sich hier trauen und schreiten die 99 Steinstufen zur Marienkirche hinauf. Wer die Wunschglocke läutet, dem wird der Legende nach ein Traum in Erfüllung gehen.
- Dort, wo heute die Marienkirche steht, gab es bereits vor vielen Jahrhunderten heilige Kultstätten. So wurde im Mittelalter eine heidnische Göttin verehrt. Die erste gemauerte Kirche gab es 1142. In der Kirche gibt es eine Holzfigur der verehrten „Lieben Frau vom See“ aus dem 15. Jahrhundert. Darunter gibt es auch eine ungewöhnliche Darstellung einer Beschneidung.
- Die Bischofsburg Blejski grad erreicht man zu Fuß, mit der Pferdekutsche oder dem Auto. Sie thront auf einem Felsen über dem See und wurde zum ersten Mal im Jahr 1004 erwähnt. Spannend: Auf der Burg gibt es eine Burgdruckerei und einen Weinkeller.
- Die Höhle unter dem Babji zob ist rund 300 Meter lang und zeigt seltene Kalzitkristalle.
- Im Höhlenschacht der Iglica, knapp über Bohinjska Bela, liegt ein versteckter Wasserfall. Hier stürzt der Bach Suha senkrecht aus 18 Metern Höhe in die Tiefe.

Die Bischofsburg Blejski grad thront über dem See.

Na dann, gute Nacht!

► Youth Hostel Bledec
Grajska 17, Bled
www.youth-hostel-bledec.si
Alle Räume haben ein Bad, zu Fuß erreicht man gut die Burg, es gibt leckeres Frühstück, Internet, Fahrräder zum Ausleihen usw. Zimmer ab 16 Euro.

► Traveller's Haven
Riklijeva 1, Maribor
www.travellers-haven.si
Das alte Haus wurde liebevoll in ein Youth Hostel umgewandelt. Ganz in der Nähe der Stadt und dem See – ein guter Tipp für alle, die sparen möchten.

► Mulej Farm
Selo pri Bledu 42, Bled
www.mulej-bled.com
Etwas außerhalb von Bled liegt dieser Agritourismus-Betrieb. Selbstgemachte Milch, Käse, Marmelade und Schinken werden zum Frühstück aufgetischt.

► Camping Bled
Kidricevy 10c, Bled
www.camping-bled.com
Ein schattiger Campingplatz am See mit Kiesstrand.

Da schmeckt's uns!

► Kavarna Park
Svobode 15, Bled
www.hotelpark-bled.com
Schleckermäulchen aufgepasst: Hier gibt es die Bleder Cremeschnitten!

► Planinček Café
Prešernova 11, Bled
www.pekarna-planika.com.

► Tropical Kava Bar
Ljubljanska 4, Bled

► Leščan
Alpska 33, Lesce
Wenn der Magen Heimweh hat: Ein gutes Wiener Schnitzel hilft.

► Pizzeria Gallus
Ljubljanska 4, Bled
www.pizzeriagallus.si

► Peking
Ulica Narodnih Herojev 3, Bled
Der Klassiker: günstig und gut beim Chinesen speisen.

Tanzen, feiern und kennenlernen

► Art Café
Svobode 7a, Bled
Im Art Café treffen sich die Studenten der School of Management.

► Pub Bled
Svobode 19a, Bled
Eine tolle Party-Location!

► Old Cup Bar
Svobode 2, Bled
Hier trifft man sich mit Freunden, die Stimmung ist immer gut. Auch für den schnellen Hunger hat die Old Cup Bar einiges zu bieten: Sandwich, Pizza und Kebab.

Shopping

Eingekauft wird im Bled Shopping-Centre in der Ljubljanska 4. Souvenirjäger sollten im Honeyhouse Bled vorbeischauen:

► Honeyhouse Bled
Ljubljanska 4, Bled
www.honeyhouse.si
Der Name ist Programm: Alles rund um den Honig und garantiert coole Mitbringsel für die Daheimgebliebenen.

Outdoor

► Vintgar-Klamm: Rund vier Kilometer von Bled entfernt liegt die Vintgar-Klamm. Sie wurde 1891 entdeckt. Die 1,6 km lange Vintgar-Klamm liegt zwischen den senkrechten Wänden der Berge Hom und Bost und wird von der Radovna mit deren zahlreichen Wasserfällen, Kolken und Stromschnellen geschmückt. Der Wanderweeg führt über Brücken sowie die Žumer-Galerien und endet mit einer Brücke über dem 16 Meter hohen Wasserfall Šum.

Den Sommer verbringen die jungen Einwohner von Bled im Strandbad.

► Pokljuka-Klamm: Diese Klamm ist zwei Kilometer lang und im schönsten Abschnitt 40 Meter tief. Sie wurde vom Schmelzwasser des Pokljuka-Gletschers in den Kalkstein eingeschnitten, deren Überbleibsel der heutige Bach Ribščica ist. Wege führen zum schönsten Abschnitt – direkt in der Mitte.

► Das Strandbad ist das einzige offizielle Schwimmbad am See von Bled. Das Bad befindet sich unterhalb des hohen Burgfelsens. Am See von Bled sind Heilquellen zu finden, die sich wohltuend auf die Gesundheit auswirken. Das gepflegte Schlossbad bietet Wasserspaß und ruhige Relax-Zonen. Vor dem Eingang befindet sich ein Bootshaus, wo man Boote mieten kann, um damit über den See zu rudern.

► Wildwasserfahrten auf der Sava werden organisiert. www.lifetrek-slovenia.com

► Der Sportflughafen Lesce-Bled bietet Paragliding, Fallschirmsprünge im Tandem sowie Panoramaflüge über Bled, Bohinj und den Julischen Alpen. www.alc-lesce.si

Slowenien: Gut zu wissen!

Einreiseformalitäten

EU-Bürger benötigen nur einen gültigen Reisepass oder Personalausweis und können so lange bleiben, wie sie möchten.

Anreise

► Auto:
Von Österreich gelangt man über den Wurzenpass (Villach) und den Loibltunnel nach Slowenien oder über den Loiblpass von Klagenfurt aus. Weitere Grenzübergänge von Kärnten nach Slowenien sind: Lavamünd, Leifling, Bleiburg, Raunjak, Paulitschsattel, Seebergsattel und der Karawankentunnel. Wer etwas Zeit hat und eine herrliche Landschaft genießen will, sollte über den Loiblpass nach Slowenien einreisen. Der Pass erreicht eine Höhe von 1.068 m.

► Zug:
Mit der Eisenbahn ist Ljubljana vom Ausland von folgenden Städten täglich zu erreichen: München (3 Züge, etwa 6 Stunden Fahrzeit über Österreich), Wien (2 Verbindungen, 6 Stunden), Triest in Italien (4 Züge, 3 Stunden), Zagreb in Kroatien (6 Züge, 2,5 Stunden), Budapest (2 Züge, 9 Stunden). Mit der ÖBB SparSchiene geht's schon ab 29 Euro nach Ljubljana. Infos: www.oebb.at

► Bus:
Das Bussystem in Slowenien ist weit verzweigt, sodass man nahezu überall mit dem Bus hingelangt.

► Flugzeug:
Flieger landen in Ljubljana oder in Klagenfurt. Von Klagenfurt aus geht es dann per Bahn nach Slowenien.

► Taxi:
In den Städten kostet eine Fahrtstrecke von ca. 10 km ca. 8 Euro.

Notrufe

Feuerwehr	112
Polizei	113
Rettung	112

Post

Postämter haben von Montag bis Freitag von 8 bis 18 Uhr geöffnet, samstags von 8 bis 12 oder 13 Uhr. In größeren Städten gibt es Nachtschalter- und Wochenendservice.

Trinkgeld

Bis zu einer Rechnungshöhe von 20 Euro sind im Restaurant etwa 10 Prozent üblich, bei höheren Rechnungsbeträgen sollte das Trinkgeld auf 5 Prozent reduziert werden. Taxifahrer erhalten einen aufgerundeten Betrag, Gepäckträger im Hotel pro Koffer einen Euro und ein Zimmermädchen vier Euro in der Woche.

Öffnungszeiten

► Geschäfte:

Es gibt keine gesetzlichen Ladenschlusszeiten. Üblich sind folgende Öffnungszeiten: Kaufhäuser 9 bis 19/20 Uhr. Kleinere Geschäfte haben von Montag bis Freitag von 8/9 Uhr bis 12/13 Uhr und von 15/16 Uhr bis 19/19.30 Uhr offen. Einkaufszentren in größeren Städten haben auch sonntags von 8 bis 15 Uhr geöffnet.

► Banken:

Banken haben in Slowenien von Montag bis Freitag von 9 bis 12 und von 14 bis 17 Uhr geöffnet. Die Hauptstellen haben auch am Samstag von 8 bis 12 Uhr geöffnet.

Kreditkarten

Kreditkarten werden von Banken, Hotels, Geschäften etc. akzeptiert. An den Bankomaten kann mit Maestro- bzw. Eurocard/Mastercard Geld behoben werden.

Elektrizität

220 Volt, ein Steckdosenadapter ist nicht notwendig.

Währung

Euro

Italien

„Mein Tipp: Moped ausleihen, und seht euch auch die Dörfer und Städte an."

(Adrian, 16, Verditz)

Cappuccino, Mode, Strand und Partys – das alles verbindet man mit Italien. Doch vor allem Friaul-Julisch Venetien hat noch viel mehr zu bieten. Heiße Städte wie Triest oder Udine laden zum Shoppen und Kulturbummeln ein, der Gardasee lockt Surffans und andere Sportbegeisterte an seine Ufer, und an den Stränden von Lignano wird nicht nur in der Sonne geschmort, sondern auch ordentlich gefeiert.

Triest: offen für Begegnungen mit anderen Kulturen

Hot City: Triest

> Ich mag das Essen
> und die schönen Frauen in Italien.
>
> *(Patrick, 17, Villach)*

Eingebettet zwischen dem Weiß der Karstlandschaft und dem intensiven Blau der Adria, ist Triest seit jeher ein Ort, an dem Osten und Westen aufeinandertreffen. Die Stadt, die über Jahrhunderte allen und niemandem gehörte, bewahrt heute noch ihre kosmopolitische Seele, übergreifend und offen für Begegnungen mit anderen Kulturen, Sprachen und Traditionen. Triest wird durch den habsburgerischen Einfluss auch als „Wien an der Adria" bezeichnet. Wer durch die Gassen spaziert, kommt an Palastbauten des Klassizismus, des Jugendstils und des Eklektizismus vorbei. Das inspirierte viele Schriftsteller, allen voran James Joyce, der hier seine bedeutendsten Werke geschaffen hat. Bekannt ist Triest für seine Cafés. Sie sind der Treffpunkt für Jung und Alt in der Stadt.

Tipp: Die Kunst- und Kulturschätze des Friaul-Julisch Venetien zu entdecken, ist mit der FVG-Card einfacher und günstiger. Der Touristenausweis der Region ermöglicht den kostenlosen Zutritt zu den Museen der Kunststädte und zu den von Turismo FVG geführten Besichtigungen.

Must-know: Ein bisschen Geschichte

- Auf dem Hügel von San Giusto findet man Monumente, die in der Römerzeit und im Mittelalter entstanden sind. Sie zeigen das antike Triest.
- Ab 1382 gehörte die Stadt den Habsburgern. Hier lag die k. u .k. Marine vor Anker, die dem Österreichisch-Ungarischen Reich den Weg zur See öffnete und Österreichs einziger Zugang zum Meer war.
- Im 15. Jahrhundert ließ Österreichs Erzherzog Maximilian von Habsburg das Schloss Miramare erbauen.
- Um 1900 galt Triest als eines der literarischen Zentren in Mitteleuropa.
- Bis 1918 gehörte Triest zu Österreich-Ungarn, daher findet man noch heute viele österreichische Spuren in der Stadt.
- Im Zweiten Weltkrieg besetzte Deutschland, trotz des großen Widerstandes der Partisanen, die Stadt. Am Ende des Krieges erhob Tito Ansprüche, die jedoch von den Alliierten nicht akzeptiert wurden. Die jugoslawischen Truppen mussten aus Triest abziehen und die Stadt fiel in italienische Hand.

Must-see: Die Sehenswürdigkeiten

- Rund um die Piazza dell'Unità befindet sich das Zentrum der Stadt mit dem Rathaus und anderen historischen Gebäuden. Von hier kann man direkt aufs Meer blicken.
- Auf einem Hügel befindet sich die Kathedrale San Giusto, eine Barockkirche, die auf der Ruine einer römischen Forumsbasilika und dem venezianischen Kastell aus dem 14. Jahrhundert errichtet wurde. Es ist das Wahrzeichen von Triest.
- Am Fuß des Hügels befindet sich das römische Amphitheater Teatro Romano aus dem Jahr 100 oder 200 nach Christus.

- Kirchenfans werden begeistert sein vom Stadtteil Borgo Teresiano.
- Immer etwas los ist in der Fußgängerzone Viale XX Settembre.
- Der Leuchtturm Faro della Vittoria wurde 1927 entworfen und ist seit dem Zweiten Weltkrieg auch Denkmal für die gefallenen Soldaten.
- Die Drahtseilbahn Tram di Opicina verbindet seit 1902 die Stadtmitte mit der Karsthochebene. Wer ganz nach oben fährt, hat einen tollen Ausblick, wer bei der Haltestelle des Obelisken aussteigt, kann auf einem Panoramaweg bis nach Prosecco spazieren.
- Rundgänge durch die Gassen und Orte, die die großen Meisterwerke von Italo Svevo, Umberto Saba, James Joyce und Veit Heinichen inspirierten.
- Eine Tour durch die traditionellen Triestiner Cafés darf nicht fehlen.

Prunkstück an der Adria: Schloss Miramare

- Im Civico Museo del Mare, dem Schifffahrts- und Meeresmuseum wird die Geschichte des Triestiner Seewesens erzählt.
- 15 Lokomotiven und vieles mehr gibt es im Eisenbahnmuseum Museo Ferroviario zu sehen.
- In einer ehemaligen Fischmarkthalle ist das Meeresaquarium Civico Aquario Marino untergebracht.
- Ein absolutes Muss ist das Schloss Miramare. Es wurde im 19. Jahrhundert von Maximillian von Habsburg gebaut. Das Highlight an der Adria.
- Nur wenige Kilometer von Triest entfernt liegt Muggia. Hier reagierten einst die Venezianer und das sieht man an jeder Ecke.
- Ein Besuch der Grotta Gigante in Sgonico, der größten Touristenhöhle Europas.

Na dann, gute Nacht!

Tausend Gesichter – das gilt für die Stadt und das Wohnen. In Triest findet man für jeden die passende Unterkunft: Luxusresorts, heimelige Hotels, günstige Jugendherbergen oder Agriturismo-Betriebe. Außerhalb von Triest gibt es einige Campingsplätze und Strandclubs.

> „Schloss Miramare und Duino sind entzückend und romantisch."
> *(Astrid, 17, Villach)*

► Jugendherberge Trieste
Viale Miramare, 331, Trieste
Tel. +39-040-224102
Jugendherbergen sind in Triest rar, daher ist diese ein besonderer Tipp.

Zwischen 20 und 35 Euro pro Nacht und Person zahlt man in Triest in folgenden Unterkünften:

► Accomodation Ghega
Gasthaus-Pension
Via Carlo Ghega 3, Triest
www.hostelsclub.com/hostel-de-4802.html

► Affittacamere alla stazione
Gasthaus-Pension
Via della Geppa 4, Triest
www.affittacamereallastazione.it

► B&B Cassio Trieste
Bed& Breakfast
Via dell´Eremo 241/3, Triest

► Nuovo Albergo Centro **Hotel
Via Roma 13, Trieste, Italien
www.hotelcentrotrieste.it

Da schmeckt's uns!

Landschaft und Geschichte haben die Küche der Triestiner stark beeinflusst. Sie ist eine Mischung aus habsburgischer und slawischen Küche. Grundzutaten der karnischen Küche sind Kräuter, Früchte und Pilze, die friaulische hingegen ist kräftig und unverfälscht. Man muss unbedingt die Meeresküche probieren, aus der man hier mit vollen Händen schöpfen kann. Die Küstenstraßen sind übersät mit Lokalen und kleinen Gaststätten, die typische frische Fisch- und Schalentiergerichte anbieten. Eine regionale Spezialität in Triest ist die Jota, eine Gemüsesuppe mit Bohnen, Kartoffeln und Sauerkraut. Ebenfalls gerne gegessen werden Gulasch, Apfelstrudel, Presnitz oder Guglhupf, gebratene und panierte Sardoni, Ribaltavapori, Stockfisch nach Triestiner Art, Fischsuppe, Scampi à la Busara oder Sarde in savor.

„Sapori di gente unica" (Köstlichkeiten einzigartiger Menschen) ist ein Produktclub, der vom Turismo FVG in Zusammenarbeit mit der Accademia Italiana della Cucina gegründet wurde. Restaurants, die dabei sind, haben einen garantiert festgelegten Preis für ein Komplett-Menü: Es darf nicht mehr als 35 Euro kosten. Die meisten Lokale liegen mit dem Menüpreis darunter, meist um die 20 Euro. Ein Menü umfasst Vorspeise, erster Gang, zweiter Gang mit Beilage, Dessert, Hauswein und Wasser. Also, richtig viel Essen. In ganz Friaul-Julisch-Venetien gibt es Mitgliedsbetriebe (Gesamtkatalog gibt es auf www.turismofriuliveneziagiulia.it). In Triest machen folgende Betriebe mit:

► Antipastoteca di Mare alla Voliga
via della Fornace, Triest
www.antipastotecadimare.it
Auf den Tisch kommt traditionelle istrische-triestiner Meeresküche. Das Restaurant liegt gleich in der Nähe des Schlosses und der Kathedrale San Giusto. Sonntagabend und montags geschlossen.

► Filoxenia
via Mazzini, 3, Triest
www.filoxenia.it
Küche mit griechischem Touch: Leckeres Gyros und Moussaka. Montags geschlossen.

► Harry's Grill
Piazza Unità d'Italia, Grand Hotel Duchi, Triest
www.duchi.eu
www.harrysgrill.eu
Wer das Besonderes sucht, ist hier richtig. Mit Blick aufs Meer gibt es Degustationsmenüs um 35 Euro (vorher anmelden). Tellergerichte mit Wasser und Gedeck – Harry's Express – gibt es um 10 Euro.

Weitere sehr typische und günstige Adressen sind Buffet Da Mario (Via Torrebianca 41) oder Buffet Da Pepi (Via Cassa di Risparmio 3).

Italienische Kaffeehaustradition

Cafés sind in Triest die Treffpunkte schlechthin. Die ersten Kaffeehäuser wurden im 18. Jahrhundert eröffnet – mit einem unverwechselbaren wienerischen Charme. 1768 wurde Benedetto Capano in der Contrada Bottari (heute Via San Nicolò) das exklusive Verkaufsrecht von „kaltem und warmem Wasser, Tee, Kaffee, Schokolade, Limonaden, Sorbetts und Sirupsäften" zugestanden. Von da an vermehrten sich die Kaffeehäuser rasant. Viele von den historischen Stätten gibt es heute noch: das Tommaseo, das Caffè degli Specchi, das Tergesteo, das Stella Polare, das Torinese, das Urbanis, das Pirona, das antike Caffè San Marco.

Das Caffè Tommaseo wurde 1830 vom Paduaner Tommaso Marcato gegründet. Das Lokal wurde sofort zu einem bevorzugten Treffpunkt der Geschäftsmänner und der Politiker. Es bietet helles, anspruchsvolles und elegantes Ambiente. www.caffetommaseo.com

Das Caffè Stella Polare ist ein typisch österreich-ungarisches Lokal und befindet sich im Herzen der Theresianen-Borgate. Im Tanzsaal haben bereits viele große Lieben ihren Beginn gefunden.

1839 wurde das Caffè degli Specchi auf dem heutigen Piazza dell'Unità d'Italia eröffnet. www.caffespecchi.it

1863 gegründet, befand sich das Caffè Tergesteo. Heute liegt es im Inneren der Galerie, die von der Piazza Verdi zur Piazza della Borsa führt. Tagsüber treffen sich hier Geschäftsmänner und abends die Triestiner Elite.

Die Bar Torinese befindet sich im Corso Italia und geht auf das Jahr 1919 zurück. Die kleine und ruhige Bar ex Urbanis entstand aus der Asche einer Konditorei aus der ersten Hälfte des 19. Jahrhunderts.

Ebenfalls einen Besuch wert ist das Caffè San Marco.

Im Caffè Pasticceria Pirona kann man sich Mehlspeisen und lokale Spezialitäten schmecken lassen.

Tanzen, feiern und kennenlernen

Im Sommer treffen sich die jungen Leute am Abend in der Fußgängerzone in der Viale XX Settembre oder am Piazza dell'Unità. Während der Hauptsaison gibt es viele Konzerte auf den Plätzen, mitunter von heimischen Popgrößen wie Subsonica, Le Vibrazioni und der venezianischen Rapband Pittura Fresca. Direkt aus Triest kommen die Sängerin Elisa, Vasco Rossi oder Zucchero. Zu späterer Stunde wird in den Discos und Clubs richtig abgetanzt, wie im …

► Cantera Café, Trieste
www.cantera.it
Das Cantera Café ist am Tag ein beliebtes Strandcafé, in der Nacht wird es zur heißen Discothek. Egal ob im Garten, an der Bar oder auf der Tanzfläche – die Stimmung ist immer gut.

Weitere Clubs und Discos:

► Befed Brew
Viale Miramare, Trieste

► Carillon
Via S. Francesco D assisi 2, Trieste

► Gregori Mauro Video Store 4
Via Cologna, Triest

► Mexico
Via Trenta Ottobre 4, Trieste

► **Musical Box Store**
Via Tarabocchia Emo, Trieste

► **New Age Center**
Via Nordio Aurelio E Fabio, Trieste

► **Ottaviano Augusto**
Via Ottaviano Augusto 2/b, Trieste

► **Record S N C Prodotti Audiovisivi**
Via Diaz Armando, Trieste

► **Sierra Service**
via Pesce, Trieste

Events rund um Film, Fernsehen und Bühne, die man nicht versäumen sollte:

- Maremetraggio Filmfestival, Juni/Juli
- Festival del cinema latino-americano, November
- Scienceplusfiction, November
- Trieste Film Festival, Januar
- Festival Internazionale dell'Operetta, Juli

Triest – Stadt der Künste

Shopping

Richtig stöbern kann man auf den Märkten in Triest: Fischmarkt am Lungomare, Markthalle an der Via Carducci, Klamotten- und Jeansmarkt auf der Piazza Ponterosso am Wochenende. Eine Menge Geschäfte findet man in Triest in der Viale XX Settembre, entlang des Corso Italia und der Via Mazzini.

► Torri d'Europa
Via Svevo 14, Triest
www.torrideuropa.com
Eines der größten Shopping-Center in Triest.

► Giacomelli Sprt
www.giacomellisport.com/ita
Für alle, die sportliche Mode lieben.

► Omain
www.omainowornever.com
Elegant, besonders, anders – Mode für junge Frauen.

Outdoor

► Golf Club di Trieste: 18 Löcher, umgeben von Felsen und scheinbar flachen Grüns sowie von der unberechenbaren Bora. Im Klubhaus befinden sich Umkleideräume, Videosaal, grüne Tische, Bar und ein renommiertes Restaurant. Der Golfplatz verfügt außerdem über Wassergräben, zehn überdachte Stellungen, Pitchinggrün und Puttergrün.

► Barcolana – Coppa d'autunno: Am zweiten Sonntag im Oktober wird die Bucht von Triest zum Schauplatz der Segelregatta mit der weltweit größten Teilnehmerzahl. Ein atemberaubendes Schauspiel, wenn sich die Bucht mit 2000 Segelbooten jeder Größe füllt, von hochtechnologischen bis zu kleinen Segelbooten. www.barcolana.it

► Weg von der Küste, rein ins Bergvergnügen: Das Rosandra-Tal begeistert nicht nur Wanderer. Es gibt antike römische Wasserleitungen und einen mächtigen Wasserfall, mit Übungsfelsen zum Klettern.

Hot City: Udine

> „Udine ist ein Ort für Party, Shopping und Restaurants."
>
> *(Sandra, 16, Klagenfurt)*

Udine, die Hauptstadt der Provinz Friaul, ist eine moderne, gastfreundliche Stadt, die ihren eigenen authentischen Reiz versprüht. Erbaut auf einem Hügel, ist sie bei Kunstkennern bekannt als die „Stadt des Tiepolo". Tiepolo war im 18. Jahrhundert ein großer Künstler und verbrachte die fruchtbarste Periode seiner künstlerischen Laufbahn in der friaulischen Provinzhauptstadt. Er hinterließ viele Meisterwerke, die man sich zum größten Teil im Palazzo Patriarcale anschauen kann, einige sind aber auch im Dom und in der Galleria d'Arte Antica, die in der die Altstadt dominierende Burg untergebracht ist, zu sehen. Neben der Kunst ist Udine wegen der kulinarischen Genüsse und der guten Shoppingmöglichkeiten in sowie rund um die Stadt bekannt. Außerdem geben hier immer wieder Musikstars, wie Madonna, große Konzerte.

Durch die Stadt mit Bike und Audioguide: Kostenlos mit FVG-Karte oder gegen vier Euro Gebühr können Fahrräder am Info-Point in Udine ausgeliehen werden. Dazu gibt es einen Audioführer, der einem bei der Entdeckung der Stadt hilft.

Must-know: Ein bisschen Geschichte

- Udine ist in der Antike entstanden und wurde als Stadt zum ersten Mal 983 urkundlich erwähnt.
- Den ersten Markt gab es 1223 in der Via Mercatovecchio.

- Richtige Formen nahm die Stadt aber erst ab 1420 an, als sie der venezianischen Republik angehörte.
- Die Stadtmauern wurden einst fünfmal erweitert. Zur letzten und fünften Mauer gehört der Turm der Porta Aquileia.
- Ein schweres Erbeben erschütterte 1511 Udine, das Schloss wurde wieder aufgebaut.
- Einheimische Adelsfamilien eiferten mit dem Patriarchen im 17. und 18. Jahrhundert um die schönsten Paläste. Das war der Grund, warum der Künstler Giovanni Battista Tiepolo in die Stadt kam. Er schmückte die Palazzi aus und schuf hier seine herausragensten Werke.
- 1752 Ende des Patriachats von Aquileia.
- Udine wird 1797 von Napoleons Truppen besetzt.
- 1778 kommt Udine unter das österreichische Kaiserreich von Franz II.
- 1866 schließt sich Udine dem Königreich Italien an.
- 1976 ist Udine wie viele Orte in Friaul vom großen Erdbeben betroffen.
- Während des Ersten Weltkrieges war Udine Sitz des italienischen Hauptquartiers.

Piazza S. Giacomo in Udine

Castello di Udine

Must-see: Die Sehenswürdigkeiten

- Ein kleiner Stadtbummel: Von der Piazza Libertà schlendert man zur Burg, die heute die städtischen Museen beherbergt. Die Burg soll einst von den Hunnen errichtet worden sein, damit der Feldherr Attila aus der Ferne das brennende Aquileia sehen konnte. Außerdem ist hier ein beliebter Treffpunkt für die jungen Leute.
- Entlang der Via Mercatovecchio gibt es zahlreiche Boutiquen und Gasthäuser.
- Auf der Piazza Matteotti wimmelt es am Abend nur so von Leuten.
- Kunst-Genuss: Tiepolos Werke im Palazzo Arcivescovile und im Dom bewundern. Auch dem Oratorio della Purità kann man einen Besuch abstatten, hier ist eines der Meisterwerke des Künstlers untergebraucht. Weitere Kunststätten: Galleria d´Arte Moderna und Gallerie di Storia e Arte.
- Eine Rundfahrt, um Udine mit den von Turismo FVG zur Verfügung gestellten Fahrrädern zu entdecken.
- Villa Manin, beeindruckende venezianische Villa in Passariano, Codroipo, Sitz des Zentrums für Gegenwartskunst und moderne Kunst, wo jedes Jahr interessante Ausstellungen stattfinden.

Na dann, gute Nacht!

Das Übernachten ist in Udine ruhig. Am Abend sitzt man mit den Einheimischen im Freien, macht die Bars unsicher und legt sich dann in eines der der Hostels zum erholsamen Schlaf.

► B&B Dimora Montegnacco
Via Cussignacco, 48/3, Udine
Tel.: (+39) 0432 204698
Doppelzimmer mit Frühstück gibt es im Bed & Breakfast Dimora Montegnacco.

► B&B Elmagos
Via Lauzacco 78, Udine
www.elmagos.it
Günstige Vier-Bett-Zimmer gibt es im Elmagos. Es liegt in einer ruhigen Gegend, mit Garten, nur ein paar Fahrminuten vom Zentrum entfernt. Man kann wählen zwischen Frühstück oder Selbstverpflegung.

► Residenza Villalta
Vicolo Sutti 5/4, Udine
www.hostels.com
Die Residenza Villalta bietet komfortable Räume, sauber und günstig.

► Mulino delle Tolle
Via Julia 1, Bagnaria Arsa
Gemütlicher Bauernhof rund 20 Kilometer von Udine entfernt Richtung Grado.

Da schmeckt's uns!

Udine ist eine Stadt mit einer ordentlichen Portion Kulinarik. Gleich in der Nähe befinden sich auch die Nachbarstädte San Daniele und Cividale. San Daniele ist die Heimat des berühmten Schinkens – und der Ort, mit der höchsten Anzahl an Verkostungsräumlichkeiten in Italien. Und im Frühsommer gibt es hier das große Prosciutto-Fest. Die typischen Aromen von Cividale sind die aromatisierte friaulische rote Wurst mit Knoblauch oder mit Zwiebeln in Essig gekocht, die Gubana, ein traditioneller Kuchen aus getrockneten und kandierten Früchten. Ein absolutes Highlight in der Region ist Friuli Doc im September in Udine. Bei dieser Messe werden Spezialitäten von Friaul direkt von den Bauern präsentiert.

> Pizzeria Concordia Koch Roberto ist einfach großartig.
>
> *(Angela, 18, Udine)*

► Osteria di Villafredda
Loneriacco di Tarcento 33017
www.villafredda.com
Der Tipp von den Einheimischen: Leckeres Essen in schönem Ambiente.

► Pizzeria le due Palme
Via Giovanni XXIII, Ventimiglia
www.pizzerialeduepalme.it
Pizza für Drei – das ist nur eine der Spezialitäten des Hauses!

► Pizzeria Concordia
Piazza I Maggio 21, Udine
Stammlokal vieler Einheimischer!

► Lis Campanelis
Via Tarcento 8, Nimis
www.liscampanelis.com
Die Spezialität der Küche ist Fleisch vom Grill. Das gefragteste Gericht ist das rosa gebratene, aufgeschnittene Rindsfilet, dann folgen Grillsteaks und Rumpsteaks. Aber es gibt auch Gerichte friulanischer Tradition wie Frico, Cotechino mit Brovada und Wild. Und darüber hinaus schmackhafte erste Hauptspeisen wie Gnocchi, Tagliatelle oder Minestroni, die ausschließlich mit Produkten der Saison zubereitet werden. Das Restaurant verfügt über vier bequeme Zimmer mit Bad.

► Giardinetto
Via Paolo Sarpi, 8, Udine
Trattoria mit einfachen Gerichten.

► La Bettola di Marisa
Rive d'Arcano, Via Coseano 1.
Deftige friulanische Küche und Steaks.

► Osteria Alle Volte
Via Mercerie, 6, Udine

► Hostaria alla Tavernetta
Via di Prampero, 2, Udine
In der Nähe des Doms, gemütlich.

► Caffè Contarena
Via Cavour, 1/A, Udine
Ein elegant-geräumiges Café, dazu gehört als frühabendlicher Treffpunkt eine kleine Bar mit Stehtischen.

> „Die Villafredda ist ein Genuss für Aug' und Bauch."
> *(Paolo, 17, Udine)*

Tanzen, feiern und kennenlernen

Am Abend kann man in Udine richtig gut fortgehen. Im Sommer geht im Parco del Cormor die Post ab. Fast jeden Tag spielen verschiedene Bands im Freien. Die Tische in den Gastgärten sind voll und es tummeln sich viele junge Leute auf den Plätzen des Zentrums. Im April/Mai gibt es in Udine das Far-East Film-Festival und im Juni kommen Jazz-Fans bei „Udine Jazz" auf ihre Kosten.

► Osteria al Capello
Via Paolo Sarpi, 5, Udine
Hier trifft man sich auf kleine Snacks, bevor man sich ins Nightlife stürzt.

► Cocktailbar Xò
Via Leonardo Da Vinci 1/4 – Reana Del Rojale

► **Gattomatto**
Viale Venezia 464, Udine
Etwas außerhalb von Udine tanzt man in dieser Disco bis in die frühen Morgenstunden.

► **American Bar Contarena**
Via Cavour, 1, Udine
www.contarena.it
Coole American Bar!

► **Barcollo**
Via Mercatovecchio 41, Udine
http://barcollo.playfun.tv

Loggia del Lionello in der Abenddämmerung

Shopping

In der Fußgängerzone und in der Altstadt von Udine finden sich unzählige Shops. Etwas außerhalb liegen die großen Einkaufszentren der Region. Design-Möbelhäuser und -Küchenstudios findet man an der Pontebbana zwischen Tricesimo und Udine.

► Città Fiera
www.cittafiera.it
Das größte Einkaufszentrum in Friaul-Julisch-Venetien, fünf Minuten von der Autobahnabfahrt Udine Nord entfernt. Ein Muss für alle, die Mode lieben!

► Duca d'Aosta
Via Mercatovecchio 12, Udine
Alle Nobelmarken von Gucci bis Burberry.

Klettern im Umland von Udine

► Sorelle Ramonda
Via Nazionale 9, Reana del Rojale
Großer Shop mit vielen Marken für Damen, Herren und Kinder.

► Pittarello
Reana/Tricesimo
www.pittarello.com
Das Mekka für Schuhfreaks! Super italienisches Design zum kleinen Preis.

► Palmanova Outlet Village
S.P.126 Km 1.6 - Loc. Joannis, Aiello del Friuli
www.palmanovaoutlet.it
Autobahn A4 – Exit Palmanova und dann rund einen Kilometer weiter; sieben Tage die Woche, von 10 bis 20 Uhr geöffnet: Das Markenoutlet lässt die modischen Herzen höher schlagen.

Relaxen

Rund um Udine kann man eine Oase der Körperpflege tauchen. Die drei Thermalbäder der Region Friaul vereinen die jahrhundertealte Tradition der Bäder, Kräuterheilkunde und moderne Entspannungstechniken versprechen Entspannung und Erholung.

- Die alten Römer waren die ersten, die die therapeutischen Wirkungen des Mineralwassers entdeckten, das aus der Quelle Pudia die Thermen von Arta (www.termearta.org) versorgt. Reine Luft, eine unberührte Natur und eine günstige geo-klimatische Lage sind besonders gut für das Wiedererlangen der Kräfte.

- Golf Club Udine: 18 Löcher, Spielbahnen im Schatten von Kirschbäumen mit Senkungen sanfter Hügel. Das anliegende Klubhaus verfügt über Bar, Teesaal, Restaurant, Aufenthaltsraum und Fernseher, Pro-Shop, Umkleideräume, Golfschule, Übungsgrün.

- Freunde der Natur können in „Alta val torre" relaxen. Mit dem Auto ist man von Udine in einer guten halben Stunde mitten in der Natur. Es gibt Kletterfelsen, Trekking-Rundwanderungen und Paragleiten von den Berghängen.

Relaxen in der Stadt:
gemütlich über die Piazza flanieren

Fun in the sun am Gardasee

Wellen, Schaumkronen, Strände und Buchten – ein wenig erinnert der Gardasee an das Meer. Daher ist er seit Jahrhunderten bei Reisenden beliebt. Als der größte See Italiens punktet er einfach mit mediterranem Flair. Genießer können gemütlich die Promenaden entlang flanieren, Sportfreaks können sich im und auf dem Wasser austoben, Adrenalin-Kick pur gibt es in den vielen verschiedenen Vergnügungsparks. Den Ton geben hier Surfer und Segler an. Für sie ist der Gardasee ein richtiges Mekka. Vor allem rund um Malecesine und Riva del Garda nutzen sie den kräftigen Wind, der übers Wasser fegt. Am Abend wird dann gefeiert – ob am Strand, in den Wein-Bars oder bei Events mit Live-Musik.

GPS-Führer

In den Touristikbüros Ingarda von Riva del Garda und Arco wurden eigene Totems (Medienspieler) installiert. An denen lassen sich themenbezogene Touren durch die Gegend auswählen und downloaden. Wer kein eigenes Gerät dabei hat, kann sich vor Ort eines ausleihen. Die GPS-Touren geben Informationen über den Standort, das Wetter und die Sehenswürdigkeiten. Nach der Tour kann man eine Ansichtskarte ausdrucken und Erinnerungsfotos machen.

Must-know: Ein bisschen Geschichte

- Das Gebiet rund um den Gardasee wurde bereits 2000 v. Chr. besiedelt. Felszeichnungen und Pfahlbauten aus der Frühgeschichte können noch heute bei Malcesine und Pai besichtigt werden.

- Bis zur Eroberung durch die Römer um das Jahr 200 v. Chr. lebten hier Ligurier, Veneter, Etrusker und Gallier.

- Die Römer errichteten am südlichen Ufer viele Villen und Thermalbäder. Der Gardasee wurde damals „Lacus Benacus" genannt.

- Nach dem Fall des Römischen Reiches herrschten die Langobarden in der Gegend, dann der Frankenkönig Karl der Große und danach die Familie Scaliger. Entlang der Küste entstanden viele Burgen.

- Es gab eine spektakuläre Seeschlacht auf dem Gardasee zwischen Mailand und den Truppen der Republik Venedig.

- 1796 eroberte Napoleon die Lombardei. Um den Gardasee stritten Frankreich und Österreich. Letztendlich fielen Verona und der Gardasee Österreich zu. 1866 – mit Neugründung des Königreichs – geht der Gardasee wieder an Italien zurück. Die Nordspitze des Sees verbleibt weiterhin in der k. u. k. Monarchie.

- Am südlichen Gardasee kommt es 1859 zur Schlacht um die italienische Unabhängigkeit. Die österreichische Armee kämpft mit den Italienern und Franzosen. Hunderttausende

Historisch bedeutsam: der Apponale Turm und Piazza III Novembre

werden verletzt und von der Bevölkerung verarztet. Das gilt als die Geburtsstunde des Internationalen Roten Kreuzes.

- Erster Weltkrieg: Österreich muss sich zurückziehen und Gebiete an Italien abtreten.

- Später wird der Gardasee wieder zum geschichtsträchtigen Ort. Der italienische Diktator und Hitler-Verbündete Benito Mussolini ruft auf dem Rückzug vor den alliierten Truppen in Salò die „Faschistische Sozialrepublik" aus. Die international niemals anerkannte Republik ist nach der Niederlage Mussolinis und Hitler-Deutschland auch bald Geschichte.

- Heute ist der Gardasee eine beliebte Tourismusregion und friedlich zwischen den drei Provinzen Brescia, Verona und Trento aufgeteilt.

Must-see: Die Sehenswürdigkeiten

Mekka für Surfer: der Gardasee

- Das Wahrzeichen der Stadt Riva ist das Torre Apponale. Es stammt aus dem 13. Jahrhundert und diente zum Schutz des Hafens.

- Von Malcesine geht es mit der Monte-Baldo-Seilbahn rauf bis zur Bergstation auf 1700 Höhenmeter. Es erwartet einen nicht nur ein fulminanter Ausblick, sondern auch viele Wandermöglichkeiten. Mountainbikes werden übrigens mittransportiert.

- In Riva gibt es einen der schönsten freien Strände rund um den Gardasee: Spiaggia Sabbioni. Hier ist immer etwas los!

- Praktisch mit dem Zug ist die Kulturstadt Verona zu erreichen, sie liegt nur knappe 30 Kilometer entfernt.

- Cascata del Varone: Der Wasserfall ist fünf Kilometer von Riva entfernt und saust über 100 Meter in die Tiefe. Die Schlucht ist eine geologische Rarität.

- Punta San Vigilio, die Halbinsel liegt westlich von Garda. Eine tolle Badebucht mit Olivenhainen und einigen Villen sorgen für ein bisschen Luxus.

- Die Grotten des Catull sind die Reste einer römischen Villa. In der Anlage kann man herrlich spazieren und auch ein Besuch im neuen Museum lohnt sich.

- Auf römischen Fundamenten wurde die Wasserburg Mastino della Scala erbaut. Vom Turm hat man eine super Aussicht über die Stadt!

- Die Ruinen der alten Papierfabriken kann man in Toscolano-Maderno sehen.

- Italien ohne Olivenöl? No way! Wie das Olivenöl hergestellt wird, erfährt man in Cisano di Bardolino im Olivenölmuseum. www.museum.it

- In Rovereto im Museo di Arte Moderna e Contemporanea di Trento wird moderne Kunst gezeigt. Allein das Gebäude selbst ist einen Besuch wert! www.mart.trento.it

- Die Bastion in Riva wurde 1507 errichtet. Der etwas mühsame Aufstieg wird belohnt mit einem tollen Ausblick.

- Die zwei Kilometer lange Standpromenade in Riva lädt zum Spazieren ein.

Tipp: Für drei Tage gibt es die Promotions-Card mit Ermäßigungen für Schlösser, Burgen, Vergnügungsparks, öffentliche Verkehrsmittel etc.

Erhältlich in den Hotels oder im Touristenbüro.

Na dann, gute Nacht!

Rund um den Gardasee gibt es über 350 Hotels, 23 Camping-Plätze und noch unzählige weitere kleine Pensionen und Agritourismus-Betriebe. Darunter viele Beherbungsbetriebe, die sich auf Sportler spezialisiert haben. Auch Clubs und Thermen gehören zur bunten Angebotspalette. Leider ist hier nur Platz für ein paar ausgewählte Unterkünfte, mehr gibt es im Internet auf www.lagodigarda-e.it

► Die Jugendherberge am Gardasee
OSTELLO DELLA GIOVENTÙ „BENACUS"
Piazza Cavour 14, Riva del Garda, www.ostelloriva.com
Die Jugendherberge ist einmalig gelegen, im Herzen der Altstadt von Riva del Garda und in unmittelbarer Nähe zum Gardasee. Allerdings ist sie auch sehr beliebt – daher rechtzeitig Zimmer reservieren!

► Agriturismo Eden Marone in Riva
www.edenmarone.it
Schöne Unterkünfte gibt es im Eden Marone. Der Familienbetrieb baut selbst Oliven und Wein an – das Essen ist sehr lecker.

► Hotel Al Sole in Bardolino
www.hotelbardolino.it
Gute und günstige Zimmer und Appartements, für jede Stern-Klasse.

► Pension Milani in Bardolino
Via San Colombano 11
Duschen gibt es am Gang, die Unterkunft ist einfach, aber sauber und billig.

► Surfer campen
www.campingalporto.it
Geld lieber ausgeben fürs Brett als fürs Bett, das ist das Motto vieler Surfer. Daher nutzen sie die Campingplätze Al Car oder Al Porto in Torbole. Einfach und günstig. Campingplätze mit Pool gibt es in Cisano (www.camping-cisano.it) oder in San Vito.

► Clubhotel La Vela
www.effetravel.com
Wer im Urlaub auf Pool, Sauna und Wellness nicht verzichten möchte, ist im Sporthotel La Vela in Torbole richtig. Der Hauch Luxus kostet allerdings mehr als eine Nacht im Zelt.

Da schmeckt's uns!

Die Gardaküche setzt voll und ganz auf ihren Seefisch. Es gibt aber genauso Deftiges wie Speckknödel, Edles wie Trüffel, Pasta in allen Variationen, Risotto, Ziegenkäse und Weine.

► Residence Trieste
Via Fiume, Riva
www.triesterivadelgarda.com
Die Pizzeria Trieste bietet drei Säle: Man hat die Wahl zwischen Bänken, ruhigeren Tischen oder dem kleinen Saal, in dem Gruppen sogar

Am Gardasee wird Feines aufgetischt.

gemeinsam fernsehen können. Die Räume des unteren Stockwerks sind mit einer Wireless-Internetverbindung ausgestattet. Serviert werden Pizze und typische Gerichte aus dem Trentino und der Lombardei. Außerdem können hier auch Appartements gemietet werden.

► Locanda La Montanara

Via Montanara, Riva

Das etwas andere Restaurant: Es hat nur abends geöffnet und an der Tür prangt das Schild „no pizza". Der Familienbetrieb bietet regionale Spezialitäten, jeden Tag wird die Speisekarte neu von Hand geschrieben. Wer hier isst, sollte mindestens Vor-, Haupt- und Nachspeise bestellen. Die Chefin hilft gerne mit Englisch aus, wenn man mit der italienischen Speisekarte nicht zurechtkommt.

► Al Vaticano

Via Santa Maria, Riva

Ein echter Geheimtipp in der Innenstadt: Gemütlich auf den Straßentischen oder im schönen Innenhof speisen. Jeder Gast bekommt zur Begrüßung oder zum Abschluss ein Getränk. Schnelles Service und gutes Preis-Leistungs-Verhältnis.

► Gelateria Flora

Viale Rovereto, Riva

Hübsch eingerichtet gibt es in der Gelateria köstliche Eissorten. Auch Einheimische kommen zu jeder Tageszeit gerne hierher, um eine der zahlreichen Versuchungen zu genießen.

► Leon d'Oro

Via Fiume, Riva

Die Küche bietet klassisches italienisches Essen zu moderaten Preisen. Sehr nett: der Garten und die Terrasse.

► Bella Napoli

Via Armando Diaz, Riva

Eine der besten Pizza-Adressen der Stadt.

► Surfers Grill

Via Sarca Vecchio, Torbole

Der Name ist Programm: leckeres Essen für coole Leute.

Tanzen, feiern und kennenlernen

Diskotheken, Pubs, Szenelokale mit Live-Musik und Open-Air-Events: Die Freunde des Nachtlebens werden vom Gardasee begeistert sein. Besonders beliebt unter den Sportlern sind Beach-Partys. Immer wieder gibt es Feuerwerke und große Festivals.

Ende April dreht sich in Riva alles rund um Bikes. Ein Straßenfest mit viel Stimmung findet im Mai in Bardolino statt. Im Juni wird in Limone bei der Festa Popolare del Lago kostenlos Wein ausgeschenkt, in Malcesine sorgt die Freiluftbühne im Sommer für Stimmung.

Opernfans pilgern nach Verona. Konzerte junger Musiker gibt es bei der „Musica Riva" im Juli auf der Burg. Gratisverkostungen von regionalen Spezialitäten versüßen den September und Oktober bei der Traubenkur. Und darüber hinaus geht hier die Party ab:

Riva del Garda

► Café Latino
Via Monte Oro
Ab 20 Uhr wird hier getanzt und im Kreis der Freunde gechillt.

► Don Carlos
Via Santa Caterina
Rhythmus zum Mitmachen: Latino-Musik und DJs sorgen für Stimmung.

► Jonny's Pub
Piazza Catena 7
Bei Jonny´s treffen sich die jungen Leute.

► Il Vecchio Porto
Piazza Catena
Der Treff am Wasser: In der Bar am Hafen spielt gute Musik.

► Nuovo 900
Via Gazzoletti
Zuerst essen und dann genießen: Alles möglich im Restaurant mit Weinbar.

► Rivabar
Largo Medaglie d'Oro
www.rivabar.it
Gute Musik und Cocktails – die Mischung ist bei den jungen Leuten Kult.

Torbole

► Surfer treffen sich am Abend am Plazza Vittorio Veneto. Danach wird durch die Stadt gezogen oder zur Disco Conca d'Oro nach Lungolago Verona gefahren.

Bardolino

► Disco Hollywood
Montavoletta
Besonders chillig ist der Outdoor-Bereich. Etwas los ist hier allerdings erst ab 23 Uhr.

► Konzerte
Im Sommer finden jeden Mittwoch auf der Piazza Matteotti Konzerte statt.

Shopping

Neben den gängigen Marken gibt es in Riva noch viele echte italienische Boutiquen. Edle Marken wie Prada, Versace oder Dolce & Gabbana haben hier ein Heimspiel, genauso wie das Kultlabel Benetton. Aber Achtung: Finger weg von Fälschungen. Wer beim Kauf erwischt wird, muss hohe Geldstrafen zahlen. Ein Bummel am Abend macht hingegen Freude. Die Geschäfte haben länger geöffnet und man hat genug Zeit zum Flanieren.

Tipp: In Riva gibt es auch einige kleine Outlet-Läden, in denen man Markenware zu Schnäppchenpreisen bekommt. Günstig einkaufen kann man auf Märkten und Flohmärkten. Jeden dritten Samstag gibt es in Arco einen Flohmarkt, jeden Mittwoch in Riva.

► **Ddesign**
Viale Roma, Riva
www.danieledesign.it
Für alle, die italienisches Design lieben, ist dies der richtige Ort. Stylische Dinge – angefangen von Kleinigkeiten wie Vasen bis hin zu Möbel – hier gibt es immer etwas zu entdecken.

► **Surfplanet**
Via Sarca Veccio, Torbole
www.surfplanet.it
Was ware ein Surfmekka ohne dazugehörige Shops? Eben. Deshalb unbedingt einmal in den Surfplanet schauen.

► **Chewing Gum**
Piazza Erbe, Riva
Alles – nur nicht langweilig - ist das Chewing Gum. In der Boutique gibt es viele coole Marken, unter anderem Replay oder G-Star.

► **Allmentari Morghe**
Viale Rovereto 101, Riva
Pasta und Olivenöl für zu Hause – aber bitte bio! Kein Problem im Allmentari Morghe.

► **Belli**
Via San Carlo 72, Salò
Alles Alessi oder was? Zumindest hier in Salò.

► **Tiziani**
Via Carducci, Bardolino
www.tiziani.it
Hier gibt es viele italienische Marken!

► **DOB Outletcenter**
St. Valentinstraße 9/A, Brenner
www.dob-brennero.com
Tipp für die Heimfahrt: Factory Outlet Center DOB. Es ist das höchstgelegene Outlet-Center auf 1.350 Metern Seehöhe an der ehemaligen Grenze zwischen Italien und Österreich. Das DOB bietet auf einer Shopfläche von 10.000 Quadratmetern rund 40 Shops.

Den Fischen ganz nah im Sea Life Aquarium

> Eine Klassenfahrt ins
> Gardaland wäre einmal etwas!
>
> *(Sonja, 18, Bodensdorf)*

Vergnügungsparks

Der Gardasee gilt als Areal der Vergnügungsparks – hier befinden sich einige der größten und spannendsten Freizeitparks Italiens. Direkt beim Gardasee sind das:

► GARDALAND
Loc.Ronchi, Castelnuovo del Garda
www.gardaland.it
Sea Life Aquarium, Wasserpark, Hotel und vieles mehr – das Gardaland ist die Superlative unter den italienischen Freizeitparks und bietet Unterhaltung vom Feinsten.

► PARK JUNGLE ADVENTURE
San Zeno di Montagna
www.jungleadventure.it
Robin Hood, Tarzan oder Indiana Jones – im Jungle Adventure geht es hoch hinaus. Zwischen den Bäumen wird geklettert, was das Zeug hält und im Hochseilgarten schwingt man wie im Dschungel durch die Luft.

► RIOVALLI
Loc. Fosse, Cavaion Veronese
www.riovalli.it
Ein klassischer Wasserpark mit richtig viel Plantschvergnügen.

Weitere Parks in der Region Veneto:

►AQUA PARADISE - CANEVAWORLD
Loc.Fossalta 1, Lazise
www.canevaworld.it

► BOSCO PARK - PARCO AVVENTURA
Via Aleardi, Boscochiesanuova
www.boscopark.it

► CAVOUR PARCO ACQUATICO
Ariano, Valeggio sul Mincio
www.parcoacquaticocavour.it

► ORTO BOTANICO - MONTE BALDO
Loc. Novezzina, Ferrara di Monte Baldo
www.ctgproverona.it

► PARCO DELLE CASCATE
Via Bacilieri 1, Molina di Fumane
www.cascatemolina.it

► PARCO NATURA VIVA
Loc.Figara 40, Bussolengo
www.parconaturaviva.it

► PARCO ACQUATICO PICO VERDE
Via Ossario 19, Custoza, Sommacampagna
www.picoverde.it

Action pur im Gardaland

► ORTO BOTANICO - MONTE BALDO
Loc. Novezzina, Ferrara di Monte Baldo
www.ctgproverona.it

► MOVIELAND - CANEVAWORLD
Loc.Fossalta 1, Lazise
www.moviestudios.it

► PARCO TERMALE DEL GARDA - VILLA DEI CEDRI
Piazza Di Sopra 4, Colà di Lazise
www.villadeicedri.com

► PARCO ACQUATICO VILLABELLA
via Villabella 87/d, Villabella di San Bonifacio

► ARCHEOLAND LUPO AZZURRO
Grezzana (VR), loc. Mulino Sengio, Stallavena
www.archeoland.it

► PARCO GIARDINO SIGURTA
Valeggio sul Mincio
www.sigurta.it

► LESSILAND
Passo Fittanze, Erbezzo-Lessinia
www.lessiland.it

Filmszenen erleben im Movieland

Outdoor

Sportlerherzen schlagen höher: Am Gardasee ist alles möglich – vom Wassersport bis zu Flugsportarten, die einem atemberaubende Eindrücke aus der Vogelperspektive bescheren.

Reiten, Tauchen, Golfen, Trekking, Mountainbiketouren auf den Hügeln, Segeln und Windsurfen im Kampf gegen den Wind, ruhige Kanufahrten auf dem südlichen Teil des Gardasees oder Nervenkitzel beim Kitesurfen im Norden.

> „Der Gardasee ist die ideale Location für Sportbegeisterte."
>
> *(Benjamin, 19, Klagenfurt)*

- Ein bisschen Ruhe gefällig? Wie ware es mit einer Bootsfahrt mit der Linienfähre der Schifffahrtsgesellschaft Navigarda. Sie legt in Malcesine an.

- Mehr Action? Mit dem Rad auf den Berg. Mit der Atv-Linie Bus&Bike geht es auf den Monte Baldo und weiter mit der Seilbahn auf den Gipfel. Natürlich nicht ohne Bike!

- Surfen und Segeln: Alles rund um den Wassersport der Region gibt es in Torbole (www.surfsegnana.it). Bekannte Segelclubs sind Fraglia vela Riva (www.fragilavelariva.it) und Lega Navale Italiana (www.leganavale.it) in Riva sowie Circolo vela Torbole (www.circolovelatorbole.com) in Torbole. Hier gibt es aber auch einen Surfclub: www.circolosurftorbole.it.

- Abtauchen in die Tiefen des Gardasee kann man alleine oder mit Führung. Infos gibt es bei www.ambienteacqua.com.

- Auf Wellnessfans warten im neuen Thermenvillage Garda Thermae entspannte Zeiten. 2000 Quadratmeter Spa!
  www.gardathermaevillage.it

Italien: Gut zu wissen!

> „Besonders gut gefällt mir in Italien die Città Fiera von Udine und der Markt in Tarvis."
>
> *(Melanie, 18, Klagenfurt)*

Einreiseformalitäten

EU-Bürger benötigen nur einen gültigen Reisepass oder Personalausweis und können so lange bleiben, wie sie möchten.

Anreise

► Auto:
Die am meisten befahrene Strecke ist die mautpflichtige Brennerautobahn von Österreich ins italienische Südtirol. Aus der Schweiz gelangt man durch den 17 km langen St.-Gotthard-Tunnel und das Tessin nach Oberitalien. Außerdem gibt es zahlreiche Passstraßen (einige mautpflichtig). Von Kärnten gelangt man am besten über die A1, die Autostrada del Sole nach Italien.

► Zug:
Eine Bahnfahrt nach Italien ist eine tolle Sache. Von Kärnten kommt man mit der ÖBB SparSchiene ab 19 Euro nach Bozen, Verona, Bologna und Mailand. Mit den ÖBB EuroNight-Zügen fährt man ab Wien nach Venedig, Bologna, Florenz, Rom, Verona und Mailand ab 29 Euro.
Infos: www.oebb.at

► Bus:
Der ÖBB Intercity Bus fährt ab 9 Euro nach Italien.
www.oebb.at

► Flugzeug:
Es gibt zahllose Flüge nach Italien und entsprechend viele günstige Angebote. Neben den nationalen Linienfluggesellschaften Lufthansa

und Alitalia auch Charterfluggesellschaften wie LTU und Condor und natürlich auch die Billig-Airlines wie zum Beispiel: Germanwings, TUIfly, Air-Berlin, flyniki.

► **Internationale Flughäfen in Italien:**
Rom, Neapel, Catania, Brindisi, Bergamo, Olbio, Pisa, Mailand, Genua, Bologna, Verona, Turin, Treviso. Für Besucher aus Europa, die nicht unter Zeitdruck stehen: Fähren verbinden das Land mit Kroatien, Griechenland, der Türkei, Tunesien, Malta, Albanien, Ägypten und Spanien.

Notrufe

Notruf (Pronto Soccorso) gratis von jedem öffentlichen Telefon:
Polizei 113
Feuerwehr (Vigili del Fuoco) 115
Notarzt, Rettungswagen 118
Pannenhilfe 80311

Post

Postämter sind im Allgemeinen von Montag bis Freitag von 8.20 bis 13.20, am Samstag bis 12.20 Uhr geöffnet. Das Porto für Briefe und Postkarten beträgt innerhalb Europas 65 Cent.

Trinkgeld

Die Bedienung ist in der Restaurantrechnung inbegriffen, daher wird kein Trinkgeld erwartet, es ist aber üblich, etwas Kleingeld dazulassen. In Bars legen Italiener meist ein paar kleine Münzen als Trinkgeld auf den Tresen.

Tipp: Preise können sich in italienischen Bars verdoppeln, wenn man sich hinsetzt, lieber im Stehen konsumieren!
Taxifahrer bekommen kein Trinkgeld, der Hotelportier dafür ein kleines Extra.

Öffnungszeiten

Geschäfte sind meistens von Montag bis Freitag von 9 bis 12.30 und von 15.30 bis 19.30 Uhr, am Samstag von 9 bis 12.30 Uhr geöffnet.

Die großen Kaufhäuser und Supermärkte haben normalerweise durchgehend von 9 bis 20.30 Uhr geöffnet. Viele Geschäfte sind während der Woche einen halben Tag lang geschlossen. Meistens ist dies montags oder mittwochs der Fall.

Im Sommer sind die Öffnungszeiten der Geschäfte in Ferienorten meist deutlich länger. In Touristen-Gebieten können Geschäfte an Sonn- und Feiertagen geöffnet bleiben.

Banken:

Sind meistens von 8.30 bis 13.30 Uhr geöffnet. Einige Banken öffnen zusätzlich auch nachmittags für eine Stunde (meistens 16 bis 17 Uhr). Am Wochenende kann man an Flughäfen und größeren Bahnhöfen Geld wechseln.

Post:

Postämter sind in der Stadt normalerweise von Montag bis Freitag von 8.30 bis 18 Uhr geöffnet, auf dem Land nur bis 14 Uhr. Samstags von 8.30 bis 12 Uhr. Briefmarken (francobolli) kann man auch in Tabakläden und Bars kaufen.

Kreditkarten

Kreditkarten sind in Italien weit verbreitet. Mit einer Visa/MasterCard bekommt man am einfachsten Bargeld von Banken.

Elektrizität

220V, 50 Hz

Währung

Euro

Kroatien

> Mein Tipp: Den ganzen Tag am Meer oder am Schiff liegen und am Abend ab in die Cocktailbars.
>
> *(Nicole, 17, Villach)*

Sonne, naturbelassende Küsten und die gute Erreichbarkeit machen die kroatische Adria-Halbinsel Istrien zum Urlaubshit für Junge. Ein bisschen Kultur, gute Küche und viel Sport – Istrien zählt schon seit Jahrzehnten zu den beliebtesten Bade-Reisezielen der Adria. Das milde Klima garantiert von Frühling bis spät in den Herbst hinein angenehme Badetemperaturen im Meer. Der Mix aus historischen Küstenorten wie Poreč (UNESCO-Weltkulturerbe), Vrsar oder Rovinj mit malerischen Buchten, Halbinseln und Inseln ist in dieser Form einfach einzigartig. In den letzten Jahren wurden die Hotel-, Appartement- und Campinganlagen modernisiert und haben viel zu bieten.

Hot City: Pula

Pula, eine der ältesten Städte im Süden Istriens begeistert mit mit ihrer Geschichte und den tollen Sehenswürdigkeiten. Am bekanntesten ist das Amphitheater, eine römische Arena, rund 2000 Jahre alt. Das Wahrzeichen der Stadt dient heute als grandiose Kulisse für Konzerte internationaler Stars aller Musikrichtungen. Die Altstadt teilen sich historische Gebäude wie etwa der Augustustempel mit trendigen Shops, Cafés und Restaurants. In Pula pulsiert das Leben, schließlich ist sie auch mit rund 82.000 Einwohnern die größte Stadt des Landes und hat den bedeutensten Hafen Istriens. Pula ist ein bunter Mix aus Geschichte, jugendlicher Frische und mediterranem Lifestyle.

Der einzigartige Charme verzaubert

Must-know: Ein bisschen Geschichte

- Die Legende Pulas erzählt von den Argonauten und der Verfolgung des Schiffes Argo sowie des Goldenen Vlieses. Die Untertanen des Königs von Kolchide haben die weitere Verfolgung aufgegeben, nachdem der Sohn ihres Königs ums Leben gekommen war. Aus Angst, in ihrer Heimat wegen des Todes des Prinzen und der erfolglosen Verfolgung bestraft zu werden, haben sie sich entschlossen, sich an dem Ort seines Todes niederzulassen. Der berühmteste Geograph des Altertums - Strabon - behauptet, dass Pula auf diese Art und Weise gegründet wurde. Dieser Legende nach ist Pula vor etwa dreitausend Jahren entstanden.

- Die Stadt hat sich zwischen dem 18. und 15. Jahrhundert v. Chr. aus einer Burgsiedlung entwickelt.

- Damals hatte die Stadt zehn Mauern. Sie wurden allerdings im Lauf der Zeit zerstört, nur wenige blieben erhalten. Der Triumphbogen der Familie Sergei befindet sich am Ende der Straße (Via Sergei), die vom Forum Richtung Osten geht. Er wurde an das Stadttor (Porta Aurea) angebaut, wodurch seine Verzierungen nur am westlichen Teil sichtbar sind. Richtung Norden befinden sich zwei gut erhaltene antike Stadttore: das Hercules- und das Doppeltor.

- Das gewaltige Kolosseum – die Arena von Pula – wurde 31 v. Chr. unter Kaiser Augustus erbaut und unter der Herrschaft Vespasians (69 bis 79) auf die heutige Größe erweitert, angeblich weil er damit seiner aus Istrien stammenden Mätresse huldigen wollte.

- Nach der römischen und fränkischen Herrschaft war Pula ab 1331 unter dem Schutz von Venedig.

- Der venezianische Senator Gabriele Emo war ein großer Mann. Denn ohne ihn wäre das Stadtbild von Pula nicht nur ein völlig anderes, die Hafenstadt wäre auch um eines ihrer bedeutendsten Kulturgüter ärmer. Im Jahr 1583 nämlich wollten mächtige Venezianer das unter den Römern erbaute Amphitheater Stein für Stein abbauen und den Lido in Venedig damit schmücken. Emo verhinderte den Kulturraub und lebt seitdem als Straßenname oberhalb der Arena weiter.

- Von 1797 bis 1918 gehörte Pula mit einer kurzen französischen Unterbrechung zu Österreich-Ungarn.

- Pula war vor 150 Jahren noch ein unbedeutendes kleines Dorf mit gerade 1000 Bewohnern. Seinen Aufschwung verdankt es der mangelnden Loyalität der Norditaliener zur Österreichisch-Ungarischen Monarchie. Der Separationswille war dem Kaiserhaus ein Dorn im Auge, Venedig als Marinehafen auf die Dauer zu riskant. Mit der Stationierung der k. u. k. Seestreitkräfte und dem Bau des k. u. k. Seearsenals explodierte die Stadtbevölkerung binnen vier Jahrzehnten bis 1910 um das Vierzigfache. Breite Straßen wurden angelegt, eine elektrische Tramway errichtet und die moderne Gründerzeit hielt Einzug (u.a. in Form von Grandhotels, Theater, Wiener Cafés etc.).

- 1920 fiel Pula Italien zu.

- 1947 kam Pula zu Kroatien.

Must-see: Die Sehenswürdigkeiten

- Das älteste Denkmal ist das Amphitheater. Das gigantische eliptische Bauwerk mit seinen 33 m hohen Arkadenbögen ist so gut erhalten, dass es Ende 1998 für einen Hollywood-Film sogar das Kolosseum von Rom doubelte. Wegen der günstigen Parkmöglichkeiten ist die Arena idealer Ausgangspunkt für einen Hafenspaziergang oder Rundgang durch die historische Altstadt.

- Die Fußgängerzone führt vom vollständig erhaltenen Augustus-Tempel aus dem ersten Jahrhunder bis zur glasüberdachten Jugendstil-Markthalle.

- Wer Pula besucht, sollte unbedingt über den Frischmarkt im Zentrum bummeln. Die sezessionistische Markthalle ist das erste Gebäude, bei dessen Bau 1903 Stahl und Glas verwendet wurden.

- Weitere Sehenswürdigkeiten auf dem Altstadtrundgang: der Tempel der Nymphen, das Rathaus, die Stadttore, der Dom, das Kastell und Fanziskanerkloster mit Kirche.

Wahrzeichen und Partymekka: das Amphitheater in der Altstadt

- Durch den Triumphbogen der Familie Sergei gehen die Wanderer schon 2000 Jahre.

- Einen Abstecher ist auch das archäologische Museum wert, die über der Altstadt gelegene Festung sowie der römische Mosaikfußboden „Bestrafung Dirkes“ nahe der kleinen Gedächtniskirche.

- Im Stadtteil Stoja fanden etwa 150.000 Soldaten der Österreichisch-Ungarischen Monarchie ihre letzte Ruhe. Private Investoren und das Österreichische Schwarze Kreuz haben Restaurierung und Erhalt des k. u. k. Marinefriedhofes ermöglicht.

- An einem der schönsten Plätze in Pula, im Park Monte Zaro, befindet sich das Observatorium. Von hier aus hat man nicht nur einen herrlichen Blick zum Himmel, sondern auch ins Zentrum und in die Bucht. Das Observatorium wurde schon 1869 als eine der Abteilungen des Hydrographischen Amtes der k. u. k. Ära gegründet und ist die älteste Sternwarte in Kroatien. Hier wurden 28 Planetoiden, wovon drei „Polana“, „Adria“ und „Istria“ genannt wurden, entdeckt. In den Himmel über Pula zu schauen ist nach der Ankündigung unter der Telefonnummer: 091/533 0 304 möglich.

- Das Aquarium „Pula“ befindet sich in der 122 Jahre alten Österreichisch-Ungarischen Festung Verudela. Hier werden auch Schildkröten gesund gepflegt. www.aquarium.hr

- Pula hat eine Menge gut erhaltener Parks. Wer einen Spaziergang am Meer plant, schlendert die Straße vom städtischen Badeplatz Valkane bis zur Bucht „Gortanova uvala“ und weiter bis Valsaline entlang. Lungo Mare ist die unumgängliche Promenade vieler Pulaner.

Na dann, gute Nacht!

In und rund um Pula gibt es viele Touristen-Resorts mit unterschiedlichen Unterkunftmöglichkeiten. Wer supergünstig nächtigen möchte, sollte das Zelt einpacken und sein Quartier auf einem Campingsplatz aufschlagen. Der Nachteil: Sie liegen etwas außerhalb der Stadt. Der Vorteil: Bei den meisten gibt es Shuttles in die Stadt und sie liegen in idyllischen Waldungen mit romantischen Buchten. Eine gute Alternative zum Auto ist das Fahrrad oder ein Scooter als Fortbewegungsmittel – beides kann in den größeren Touristenzentren gemietet werden.

► Jugendherberge Kroatien
www.hfhs.hr
Eine Jugendherberge befindet sich mitten im Kieferwald, am Rand der Bucht Valsalina. Das Hostel ist vom Bahnhof und Busbahnhof nur ein paar Minuten mit den Buslinien 2 und 3 entfernt und das ganze Jahr geöffnet.

► Puntižela
www.puntizela.hr
Puntižela ist ein Ferienzentrum mit Campingplatz und Jugendherberge gegenüber von den Brijuni Inseln. Nach Pula sind es rund sieben Kilometer. Die Jugendherberge hat 260 Betten, aufgeteilt auf Pavillons. Es gibt ein Restaurant und zwei Terrassen.

► Stoja
www.arenacamps.com
Der Campingplatz Stoja ist drei Kilometer vom alten Zentrum Pulas entfernt. Er liegt auf einer gleichnamigen Halbinsel und bietet auf 167.000 Quadratmetern Platz zum Campen und Baden. Ideale Übernachtunsmöglichkeiten auch für Kurzbesuche bei Konzerten!

Da schmeckt's uns!

Das Essen ist in Kroatien sehr unterschiedlich. Die Palette reicht von Gemüse- über Fisch- bis hin zu Fleischgerichten, aber zu feierlichen Anlässen wird es traditionell eher fleischlastig. Eine Besonderheit, die dabei auf den Tisch kommt: Ziege – nicht jedermanns Sache.

Die Einheimischen essen zu Hause und im Restaurant, aber wie auch immer: Das Essen nimmt im Allgemeinen einen hohen Stellenwert ein.

In Pula gibt es eine Vielzahl an Restaurants, Konobas und Pizzerie. Pommes, Pizza und Fleisch vom Grill gibt es in den Baderesorts quasi an jeder Ecke. Wer aber Hausmannskost essen möchte, geht in eine Konoba.

► **Gina's Restaurant**
Stoja 23, Pula
www.gina-restaurant.com
Hier kocht noch die Mama. Leckere Hausmannskost.

► **Konoba Kod Draga**
Medulinska Cesta 22, Pula
Die preiswerte Konoba macht sehr gutes Essen, die Bedienung ist sehr nett und spricht Deutsch.

► **Konoba Kazun**
Vitasoviceva 2, 52100 Pula
Hausgemachte Nudel und Gnocchi, zählt zu den besseren Konobas in Pula.

Edel und teuer

Feinschmecker stehen in Pula angesichts dieses Angebotes vor der Qual der Wahl. Mit „Milan", „Vela Nera" und „Valsabbion" befinden sich hier bzw. am Stadtrand gleich die drei besten Restaurants des Landes. Demenstprechend hoch ist hier der Preis. Mehr Gourmet-Restaurants auf www.istria-gourmet.com.

Kulinarischer Ausflugtipp

Immer mehr Kenner entdecken das hügelige Hinterland Istriens mit seinen mittelalterlich befestigten Dörfern und Weinstraßen; eine Region, die wohl zu Recht als Toskana der Zukunft gilt. Hier sind all die kulinarischen Köstlichkeiten beheimatet, deretwegen italienische Feinschmecker auch im Frühling und Herbst scharenweise anreisen: feinstes Olivenöl, luftgetrockneter Schinken, wilder Spargel, und nicht zu vergessen, die weißen Trüffel. All dies und Meeresspezialitäten wie Austern, Scampi oder Branzino verkostet man am besten in einem der ambitionierten Restaurants oder in einer nostalgischen Konoba, einem Art Landgasthof, in dem viele Speisen noch nach alter Tradition vor den Augen der Gäste in der Glut des großen offenen Kamins zubereitet werden.

Internetcafés in Pula

► Bass caffè bar
Sirolina 3, Pula

► Caffè bar Filmski
Istarska 40, Pula

► Caffè Etna Internet
Ul. Sergijevaca 33, Pula

► MMC Luka
Istarska 30, Pula, www.mmcluka.hr

In den Cafés lässt sich der Tag genießen!

Tanzen, feiern und kennenlernen

Im Sommer finden in der City immer wieder Events statt. Anstelle von Gladiatorenkämpfen wird die Arena zur friedlichen, aber nicht weniger spannenden Bühne für Konzerte, Theater- und Opernaufführungen. Seit 1954 findet hier jährlich das kroatische Filmfestival statt. Im Juli das Festival der Unterhaltungsmusik, im August gibt es das große Art&Music-Rockfestival.

Tipp: Rechtzeitig Ticket sichern!

Eventkalender:
www.croatia.hr/events oder www.pulainfo.hr/de/calendar

Karten & Programme:
Österreich-Ticket-Service, www.oeticket.com

► Aruba
Šijanska cesta 1A, Pula
www.arubaclub-pula.com

► Club Uljanik
Dobrilina ulica
www.clubuljanik.hr

► Monte serpente
Brače čeh 14
www.monteserpente.com

Shopping

In Pula gibt es viele gute Boutiquen und Souveniergeschäfte. Im Stadtzentrum kann herrlich in der Flanaticka Ulica, Kaufhaus Istra oder in der Dalmatinova Ulica stöbern.

Am Stadtrand von Pula gibt es größere Shopping-Center und Supermärkte.

Links: Wandern entlang dem Limski Kanal.
Rechts: Campen in Pula.

Relaxen & Outdoor

Direkt in Pula gibt es zahlreiche schöne Strände. Weiter südwärts erstreckt sich das Pula der Badeurlauber über siebzig romantisch-verschlungene Küstenkilometer mit pinienbeschatteten Campingplätzen, Hotelanlagen und den Ferienorten Medulin, Premantura, Banjole, Pomer und Vinkuran. Tavernen, Musik und Feste bestimmen hier den Sommer. Surf-, Tauch- und Wasserskischulen, sowie sportive Angebote wie Fußball, Tennis, Reiten, Minigolf und Kegeln sorgen für Abwechslung.

- Besonders attraktiv ist Medulin durch seine vorgelagerten Inselchen und die mit dem Festland verbundenen Sandbänke, die man „tombolo“ nennt.
- Im südlichsten Zipfel Istriens wird es dann wieder stiller. Das 400 ha große Naturschutzgebiet Kap Kamenjak birgt traumhafte Buchten und eine fabelhafte Pflanzenwelt mit mehr als zwanzig wilden Orchideenarten.
- Ausflug in die Natur zum Limski Kanal ist für alle Outdoorfreaks zu empfehlen. Er ist rund 34 Kilometer von Pula entfernt. Ideal für Wanderungen.
- Verwöhnen lassen kann man sich direkt in Pula in den Wellness-Centers Peharec (www.peharec.com) und Skladno tijelo (www.skladno-tijelo.com).

Hot City: Poreč

Kieferwäler, Weingärten und Olivenplantagen – die Riviera von Poreč ist damit reich gesegnet. Das wirkt auf den ersten Blick ziemlich idyllisch und ruhig – doch der Schein trügt. Auf der Halbinsel mit langer Geschichte geht im Sommer richtig die Post ab. Die Riviera von Poreč kann mehr als 100.000 Touristen an einem Tag aufnehmen. An manchen Orten des Küstengebietes kommt auf 15 Einwohner ein Restaurant. Poreč zählt 19 Strände, an denen die blaue Fahne weht. 27 Sportzentren lassen bis zu 20.000 Besucher gleichzeitig schwitzen und neben 100 Tennisplätzen werden etwa 30 Sportarten am Land, auf dem Wasser und in der Luft angeboten.

Must-know: Ein bisschen Geschichte

- Die Römer machten die Siedlung auf der weit ins adriatische Meer gestreckten Landzunge zu einem blühenden Handelsplatz für Öl und Wein und nannten sie „Colonia Julia Parentium".

- Es ist schon außergewöhnlich, dass die Baudenkmäler eines Stadtkerns nahezu nahtlos bis in die Antike zurückreichen. Der Decumanus, der die Halbinsel der Altstadt von Poreč schnurgerade durchmisst, stammt noch aus römischer Zeit, als Poreč vom römischen „Castrum" unter Gaius Julius Cäsar zum „Municipium" avancierte und schließlich unter Tiberius den Status einer Kolonie erlangte. Die Reste von Tempeln nebst manch römischem Mauerwerk finden sich auch im Bereich des ehemaligen Forums am Marafor-Platz.

- Nach byzantinischem und fränkischem Intermezzo legte der Markuslöwe seine mächtige Pranke auf Poreč und verpasste seinem „Parenzo" den bis heute sichtbaren, venezianischen Anstrich. Bis 1797 war Poreč unter der Herrschaft von Venedig.

- Danach kam Poreč unter österreich-ungarische Herrschaft. Nach dem Zusammenbruch der Monarchie war Poreč bis zum Ende des Zweiten Weltkrieges Teil Italiens.

- Durch den Friedensvertrag von Paris wurde Poreč Jugoslawien zugesprochen, später Kroatien.

Must-see: Die Sehenswürdigkeiten

- Wer über die Zagreber Straße auf dem Freiheitsplatz ankommt, dem Trg Slobode, befindet sich mitten im aufregenden Leben der Stadt.

- An der Stelle, an der Bischof Maurus der Legende nach sein Martyrium erlitt, errichtete Bischof Euphrasius zu Ehren des Schutzheiligen der Stadt im Jahr 554 eine dreischiffige Basilika. Die Marmorsäulen der Arkaden stammen aus Byzanz, die Mosaike der Apsis bestehen aus Millionen von Edelsteinen. Gemeinsam mit dem Bischofspalast und den frühchristlichen Mosaiken aus dem 3. und 4. Jahrhundert zählt der unschätzbar wertvolle Komplex der Euphrasius-Basilika heute zum UNESCO-Weltkulturerbe. Empfehlenswert: der fantastische Rundblick über die Stadt vom Turm der Basilika.

- Von dem Trg Marafor, dem antiken Forum, lässt es sich gut weiterschlendern zur Uferpromenade. Von hier sieht man zur kleinen Insel Sveti Nikola. Zu dieser Insel pendelt jede Viertelstunde ein kleines Hotelboot, ideal um eine gemütliche Café-Rast einzulegen.

- Wer will, spaziert auf der Obala in weitem Bogen um die Altstadt herum und begutachtet die Reste der mittelalterlichen Stadtmauer.

- Fische anschauen kann man im Aquarium Poreč.

- Im Hof des Stadtmuseums regiert im Sommer der Jazz (Eingang von der Straße Sv. Maure über das Café „Lapidarem") und in der Basilika finden von Juli bis September freitags klassische Konzert statt. www.histrica.com

- In unmittelbarer Nähe von Poreč liegt der Ferienort Vrsar. Die Stadt am Limfjord verdankt seine Entwicklung den reichen Marmorlagerstätten. In Vrsar hat auch der berühmte Liebhaber Casanova heimlich Frauen betrachtet und nach mancher Meinung, hat er, die ganze Kleidung beim Schwimmen ausgezogen und somit den Grundstein für die FKK-Tradition auf der Halbinsel gelegt.

- Nur wenige Kilometer von Poreč entfernt ist die Grotte Baredine. Für interessierte Höhlenforscher werden auf Anfrage auch Führungen durch öffentlich nicht zugängliche Nachbargrotten gemacht. www.baredine.com

Mit Freunden das UNESCO-Weltkulturerbe entdecken

Na dann, gute Nacht!

Rund um Poreč reihen sich moderne Hotel- und Ferienanlagen aneinander. Die meisten verfügen über Pools und eigene Buchten, sowie viele Sport- und Freizeitmöglichkeiten.

► Apartments Vanesa
Motovunska 10, Poreč
Das ganze Jahr geöffnet, verschiedene Appartementgrößen, ab 9 Euro pro Nacht und Person.

► Jadran Residence
www.valamar.com/de/jadran-residence-porec
Im Hafen der Altstadt ist Jadran Residence ein bequemer Ausgangspunkt für Ausflüge, Abenteuer und Entspannung. Die meisten Zimmer sind mit Blick auf die im Hafen vor Anker liegenden glänzenden Yachten und die benachbarte Insel St. Nikola.

► Hotel Delfin
Zelena laguna, Poreč
www.plavalaguna.hr/de/Hotels/Delfin/Hotel
In der Plava Laguna befinden sich auch ein Campingplatz und weitere Hotels verschiedener Kategorien.

Da schmeckt's uns!

Die Porečer Riviera bietet eine Fülle an Restaurants. Sehr viele davon sind in der Altstadt angesiedelt. Die Einheimischen selbst betreiben hier noch Fischfang, daher sind Fischgerichte besonders beliebt. Aber außer Meerespezialitäten bieten die Konobas auch internationale Küche.

► Peterokutna Kula
Decumanus 1, Poreč

► Konoba Ulixes
Decumanus 2, Poreč

► Konoba Porat
Trg Matije Gupca 12, Poreč

Shopping

Plaudern, lachen, verhandeln, Espresso trinken, ein bisschen flirten – auf dem Trg Slobode ist keine Zeit für Hektik, hier nehmen sich die Porečer Zeit zum Leben und ihre Gäste tun es ihnen gleich. An diesem schönen Fleckchen beginnt auch die Flaniermeile von Poreč,

Für den Einkaufsbummel braucht man bequeme Schuhe.

die „Decumanus". Jetzt heißt es langsam gehen, wegen der glänzenden Pflastersteine aus der Römerzeit. High-Heels sind unpraktisch beim Bummel durch die Stadt!

Filigrane Goldschmiedearbeiten, alte nautische Geräte und originelle Glaskunst warten neben Trachtenpüppchen und bedruckten T-Shirts in zahllosen, kleinen Läden auf Souvenirjäger. Dazwischen werden bunte Eistürme gespachtelt. Mitten in Kitsch und Kunst birgt der Andenkenladen auf Nummer 9 noch eine Überraschung: hier befindet sich das älteste Museum Istriens, das Porestina-Heimatmuseum mit über 2000 Exponaten.

Tanzen, feiern und kennenlernen

Gefeiert wird in Poreč im Sommer überall. Auf allen Hotelterrassen spielt Musik, es gibt eigene Hotelbars und –diskotheken. Ab 22 Uhr öffnen auch die anderen Diskotheken und schließen gegen 4 Uhr morgens. Konzerte werden regelmäßig im Freien auf dem Trg Slobode gespielt. Jeden Mittwoch gibt es Jazz im Innenhof vom Heimatmuseum.

Diskotheken:

- INTERNATIONAL CLUB, Zelena Laguna
- CAPITOL, V. Nazora 9
- HOTEL MATERADA, Materada
- No 1, Marafor bb
- PINOCCHIO, O.M. Tita

Nachtbars und Clubs:

- HOTEL DIAMANT, Brulo
- HOTEL MEDITERAN, Plava Laguna
- SIMPLY THE BEST, Hotel Parentium, Zelena Laguna
- HOTEL PICAL, Pical, N. Tesle bb
- INTERNATIONAL CLUB, Zelena Laguna

> Poreč ist voll cool.
>
> *(Silvia, 16, Klagenfurt)*

Tanzterrassen:

HOTEL FORTUNA, otok Sv. Nikola
HOTEL KRISTAL, Brulo
HOTEL LUNA, Špadići
HOTEL MATERADA, Materada
HOTEL PARK, Špadići
HOTEL ZAGREB, Pical
MAESTRAL, Hotel Pical

Outdoor

- Am Stadtrand gibt es eine Go-Kart-Bahn mit drei verschiedenen Motorstärken.
- Lust auf Paintball? Kein Problem in Poreč: www.paintballcroatia.com
- Der Park Akros ist ein Hochseilgarten mit Flying Fox, 12 Meter hohen Holzstämmen, Giant swings und mehr. www.akros.si
- Cool: Wandern entlang des Meeres. Es gibt drei ausgewiesene Routen.
- Free-Climbing in Rovinj, nichts für schwache Nerven.
- Tauchen: Die Neugier wecken einige Schiffswracks von Kriegs- und Passagierschiffen. Von Novigrad im Norden bis zum Limkanal und Rovinj im Süden, befinden sich an die zwanzig Unterwasserriffe, mit einer Tiefe von vier bis vierzig Metern.
- Fußball ist in Kroatien die populärste Sportart, auch in Poreč. Der Porečer Club „Jadran“ tritt gerne gegen Gastmannschaften an. Die Fußballclubs entscheiden sich meistens für Zelena Laguna, denn in dieser Anlage stehen ihnen vier Rasenplätze zur Verfügung. Im „Intersport-Center“, gibt es einen beheitzen Platz mit Parkettboden und Tribünen mit 850 Plätzen.

Fun in the sun in Umag

Über 2388 Sonnenstunden, die größte Marina Istriens und zahlreiche Tennisplätze machen Umag zum idealen Sommerferienort. Vor allem Sportbegeisterte sind hier gut untergebracht: Ballsport in jeder Form, Baden, Reiten, Biken, Wandern, Klettern, Tauchen, Jagen, Paragliden, Surfen, Segeln und Fischen. Nahezu alles ist möglich.

Must-know: Ein bisschen Geschichte

- Heute ist Umag eine Halbinsel. Das war nicht immer so. Zu Beginn war es eine Insel mit einer Siedlung im hinteren Teil des Hafens.
- Die Altstadt wurde auf den archäologischen Trümmern aus der römischen Zeit aufgebaut.
- Die Festungsmauer mit dem Stadttor und der Zugbrücke stammen aus dem 10. Jahrhundert. Das Museum war einer der Stadttürme.
- Zu Beginn des historischen Stadtzentrums steht die Kirche des heiligen Rochus, die nach der Pestepidemie im Jahr 1507 erbaut wurde.
- Hinter der Pfarrkirche befindet sich eine Metallkugel, eingedrückt in die Wand östlich der Apsis: Es ist angeblich eine Kanonenkugel, die 1810 von einem Schiff aus Genua abgeschossen wurde.
- Der 404 Meter lange Wellenbrecher wurde 1825 gebaut.
- Die Hafenstadt ist Austragungsort des internationalen Tennisturniers „Croatia Open“.

Von Umag aus die Küste entdecken

Must-see: Die Sehenswürdigkeiten

- In Savudrija gibt es den ältesten Leuchtturm der kroatischen Seite der Adria. Er stammt aus dem Jahre 1826.
- Der Minizug verbindet Umag mit Katoro, wo archäologische Fundstätten besichtigt werden können.
- Im Museum der Stadt Umag gibt es eine Ausstellung über archäologische Funde aus der Römerzeit und eine Ausstellung moderner Künstler.
- Ein Spaziergang durch die verwinkelte Stadt und ein Rundgang im Hafen.

> „Eine Sportwoche in Kroatien ist schön. Cooles Feeling, Sommer, Sonne, Strand und Meer, was will man mehr."
>
> *(Martha, 16, Villach)*

Na dann, gute Nacht!

Jeder dritte Kroatienurlauber logiert unter freiem Himmel und mehr als die Hälfte aller Campinggäste macht das in Istrien. Von der ruhigen Kleinanlage bis zum quirligen Familienzentrum mit buntem Unterhaltungsprogramm bedient die Halbinsel nahezu jeden Campertraum und verfügt zudem über das größte FKK-Angebot Kroatiens. In den vergangenen Jahren wurden Infrastruktur und Qualität der Campingplätze durch umfangreiche Investitionen deutlich verbessert. Besonders im Trend liegen auch Mobilhomes und Chalets. Die Campingplätze in Umag haben die Nase ganz weit vorne: Der Camping-Park Umag wurde zum besten und sympathischsten Campingplatz Kroatiens gewählt und lockt mit erstklassiger Infrastruktur, Adrenalinpark, Sport- und Spielplätzen und 1350 Quadratmetern Wasserpark. www.istracamping.com

Neben Camping punktet Umag in Sachen Unterkunft mit modernen Ferienresorts. Sportfreunde wird es im „Sol Korali“, rund drei Kilometer außerhalb von Umag gefallen: 16 Tennisplätze mit Tennisschule, Trimmpfade, Minigolf, Beach-Volley, Tischtennis, Hand-, Fuß- und Basketballplatz sowie ein Reitzentrum sind vorhanden. Für Entspannung sorgt das Wellness-Center „Villa Tiola“. Ebenfalls unter den jungen Leuten beliebt ist die Ferienanlage Katoro mit dem „Sol Garden Istra“. Rund einen Kilometer vom nostalgischen Ortszentrum lädt das „Sol Umag“ direkt am Meer zu erholsamen Ferien. Die Wellness- und Beauty-Oase erstreckt sich über 1.600 Quadratmeter. Gegessen wird meist in den Hotelanlagen selbst, weil bevorzugt Halb- oder Vollpension gebucht wird. Dennoch gibt es in Umag eine Menge an guten Lokalen.

Shopping

Was bringt man bloß den Daheimgebliebenen mit? In Istrien hat man die Qual der Wahl. Tipp: Besonders gut kommen kulinarische Geschenke an – und davon gibt es im Umag genug.

Olivenöl:

Istriens Olivenöl gibt nahezu jeder Speise den letzten Schliff. Es gibt ein gutes Dutzend unterschiedlicher Olivensorten - von apfel-fruchtig bis nussig-herb. Ein Folder mit Infos zu allen Olivenölproduzenten und in einer Landkarte verzeichneten Olivenölstraßen ist beim Tourismusverband der Region Istrien kostenlos erhältlich.

Pršut:

Echter Pršut gilt nicht nur deshalb als Rarität, weil die Istrier ihren würzigen Rohschinken selber so gerne essen – die dafür eigens gemästeten Schweine taugen nicht zur Massentierhaltung. Schlachtung, Würzung, sowie das Lufttrocknen im Borawind erfordern gefühlvolle Bauernhände. In ausgewählten Konobas oder direkt beim Landwirt wird man fündig.

Honig:

Akazien, Kastanien und Wiesenblumen in intakter Natur liefern die beste Grundlage für Honigprodukte. Alle Qualitätsimkereien bieten Honig und Propolis. Inselblüten zum Naschen!

Kroatien: Gut zu wissen!

Einreiseformalitäten

Gültige Reisedokumente oder ein anderes zwischenstaatlich anerkanntes Dokument sind mitzunehmen; Aufenthalt in Kroatien bis drei Monate. Den Führerschein, den Zulassungsschein und die grüne Karte nicht vergessen.

Anreise

► Auto:
Mit dem Auto gelangt man über diverse Grenzübergänge in das Land: vier zwischen Ungarn und Kroatien, 29 zwischen Slowenien und Kroatien, 23 zwischen Bosnien-Herzegowina und Kroatien und sieben zwischen Rest-Jugoslawien und Kroatien. Kroatien hat im letzten Jahrzehnt enorm viel in das Straßennetz investiert. So wurden bestehende Straßen ausgebaut und neue Autobahnen gebaut. Von Kärnten aus fährt man am besten über den Loiblpass nach Slowenien und dann weiter nach Kroatien.

► Zug:
Zugverbindungen führen von Zagreb nach Italien, Deutschland, Österreich, Ungarn, Bosnien-Herzegowina und Slowenien.

Fun in Kroatien

Kroatien hat direkte Bahnverbindungen mit Slowenien, Ungarn, Italien, Österreich, der Schweiz, der Slowakei, Frankreich, Deutschland, Bosnien und Herzegowina und Jugoslawien, sowie indirekte Verbindungen mit fast allen europäischen Ländern.
Mit der SparSchiene der ÖBB reist man ab 29 Euro nach Zagreb, die Hauptstadt Kroatiens. Man kann aber auch mit dem Nachtzug nach Kroatien fahren und schlafen, damit man fit und ausgeruht in Zagreb ankommt.

► Bus:
Das Busliniennetz ist sehr gut ausgebaut und verbindet alle Teile des Landes. Regelmäßige internationale Busverbindungen bestehen mit allen Nachbarländern sowie den wichtigsten Ländern Mittel- und Westeuropas.

► Flugzeug:
Kroatiens internationaler Flughafen liegt 17 km südöstlich von Zagreb und verbindet die Hauptstadt mit zahlreichen europäischen Städten. Internationale Flughäfen in Kroatien sind: Zagreb, Split, Dubrovnik, Pula, Rijeka, Zadar, Osijek, Insel Brač und Insel Losinj (die beiden Inseln können nur von kleineren Maschinen angeflogen werden).

Notrufe

Polizei	92
Feuerwehr	93
Rettung	94

Post

Die Postämter in Kroatien sind von 7 bis 19 Uhr geöffnet, samstags bis 13 Uhr; diensthabende Postämter in größeren Städten und Touristikzentren sind im Sommer bis 22 Uhr geöffnet. Briefmarken werden in Postämtern und an Zeitungsständen verkauft.

Trinkgeld

Das Trinkgeld ist nicht im Preis für die Mahlzeiten oder Getränke eingeschlossen. Es sollte etwa 10% des Rechnungsbetrages ausmachen.

Die Taxifahrer erwarten in der Regel kein Trinkgeld, wissen es aber zu schätzen, wenn sie dennoch damit bedacht werden.

Öffnungszeiten

Geschäfte:

Die Geschäfte in Kroatien sind von 8 bis 20 Uhr durchgehend geöffnet, samstags von 8 bis 14 oder 15 Uhr; eine kleinere Anzahl von Geschäften ist von 8 bis 12 Uhr und von 16 bis 20 Uhr geöffnet.

Vor allem im Sommer kann man bis 22 Uhr und auch sonntags shoppen – in größeren Städten in manchen Geschäften sogar rund um die Uhr.

Banken:

Die Banken in Kroatien sind von 7 bis 19 Uhr geöffnet,
samstags bis 13 Uhr.

Kreditkarten/Bankomat

Die meisten Hotels, Restaurants und Geschäfte akzeptieren alle führende Kreditkarten (Eurocard/Mastercard, American Express, Diners, Visa). Die Abhebung von Bargeld an Geldautomaten ist in allen Städten und in allen wichtigen Fremdenverkehrsorten möglich.

Fast alle Geldautomaten akzeptieren die gängigen Kreditkarten.

Elektrizität

220 V, ein Steckdosenadapter ist nicht notwendig.

Währung

Kroatische Kuna; Auslandswährungen werden in Banken, Wechselstuben, Postämtern sowie in den meisten Reisebüros, Hotels und Campingplätzen gewechselt.

Klasse Fahrten

„Bei einer Klassenfahrt sind gemeinsame Aktivitäten wichtig. Ich würde eine Woche mit alternativen Sportarten bevorzugen. Der Ort ist dabei egal. Klettern, Canyoning, Rafting oder Hochseilgarten sollten dabei sein. Nur keine Museen oder allzu lange Anreisezeit.

(Anna, 19, Landskron)“

Der Bus fährt vor der Schule vor, die Schüler steigen mit langen Gesichtern aus und erzählen mürrisch den Eltern: „So ein Käse. In dem alten Dorf konnte man nichts machen. Da wär' ich lieber in die Schule gegangen und erst gar nicht mitgefahren." Und die Eltern denken sich: „Schade, ums Geld." Damit das nicht passiert, braucht man nur ein paar Punkte beachten. Einer davon ist: Lange Busfahrten zu einem veralteten Museum sind definitiv nicht mehr angesagt. Damit eine Klassenfahrt zum Hit wird, muss schulischer Lerninhalt, mit Freizeit, Ferien und Interessen der Jugendlichen verknüpft werden.

Sport, Party, Kultur, Natur, Kultur, Wellness, Musik, Medien und Sprache – junge Leute wollen auf Klassenfahrten Abwechslung. Gemeinsame Erlebnisse sorgen für Gesprächsstoff – auch etwas für andere zu organisieren schweißt zusammen und macht mehr Spaß.

Tipp an die Lehrkräfte

Gemeinsam mit der Klasse organisieren! Lassen Sie die Schüler Angebote einholen, recherchieren, was man vor Ort machen kann, und teilen Sie Gruppen ein, die an einem jeweils anderen Tag für die Abendgestaltung zuständig sind. Funktioniert übrigens auch gut bei Reisen mit Freunden oder bei Gruppen, wenn man sich noch nicht so gut kennt. Das Organisieren fördert das Wir-Gefühl, wenn alle an einem Strang ziehen müssen. Verantwortung abgeben, nicht nur um Langweile zu vermeiden, sondern um den gruppendynamischen Prozess zu fördern. Dabei können selbst simple Unternehmungen wie ein improvisiertes Tabu-Spiel oder eine Kegelpartie zu einem tollen Erlebnis werden. Vor allem, wenn sie mit einer Zusatzaufgabe geschmückt werden.

Tipp für Gruppenleiter

Arbeiten Sie aktiv mit dem Buch! Gehen Sie gemeinsam mit der Gruppe das Kapitel „Reiseblogger" durch. Das Wissen können die jungen Leute auf der Fahrt direkt umsetzen und für die Dokumentation Bilder, Texte und Videos sammeln. Diese können dann mit ein paar Klicks online gestellt werden. Ihre Vorteile: Sie können Ihre Schüler mit multimedialen Arbeiten für die Klassenfahrt begeistern – unter den fleißigsten Bloggern werden Preise verlost, zum anderen animieren sie die jungen Leute zur Selbstreflexion und haben eine übergeordnete, begleitende Aufgabe für die Reise. Außerdem können Eltern und Kameraden online die Highlights der Reise miterleben.

Plan B in der Tasche haben:
Sie fahren mit einer Schulklasse auf Klassenfahrt? Ein kleiner Tipp vorab: Wichtig ist es , dass Sie immer offen für Änderungen sind. Ein Plan B muss immer parat sein. Oft kann es einfach passieren, dass es regnet, und schon müssen die Sportaktivitäten im Freien durch ein Alternativprogramm ersetzt werden. Sie sollten also auf alle Eventualitäten vorbereitet sein, wenn Sie mit einer Horde Jugendlicher auf Klassenfahrt gehen, und vor allem sollten Sie starke Nerven haben.

Gute Planung ist alles

Vieles kann und muss bereits vor der Klassenfahrt erledigt werden. Für die Planung von Klassenfahrten gibt es nachfolgend ein paar hilfreiche Anregungen.

✓ **Wenn Sie sich für ein Ziel entschieden haben, begutachten Sie vorher die Unterkunft und den Ort und informieren Sie sich genau über:**

- Lage des Hauses (Gelände und Höhenlage, Verkehrsverbindungen etc.)
- Größe des Hauses (Zimmeraufteilung, Tages- und Gruppenräume, Nebenräume)
- Ausstattung und Ausrüstung des Hauses (Spiele, Werkzeuge, Bücherei, audiovisuelle Geräte)
- Angebote von Sonderverpflegung (z. B. für Muslime, Allergiker, Vegetarier)
- Hausordnung, Hausdienste und Essenszeiten
- Sport- und Spielmöglichkeiten (Sportplatz, Schwimmbad, Tischtennis, Minigolf etc.)

- Wandermöglichkeiten (bezeichnete Wanderwege, Lehrpfade, Feuerstellen)
- Weitere Freizeitmöglichkeiten (Kegelbahn, Kino, Disco etc.)
- Kulturelle Angebote (Theater, Konzerte, Vorträge, Museen, Bücherei)
- Ausflugsmöglichkeiten und verfügbare Verkehrsmittel
- Wichtige Adressen (Arzt, Krankenhaus, Apotheke, Verkehrsamt, Förster)
- Sehenswürdigkeiten, interessante Betriebe
- Ortspläne, Stadtpläne, Prospekte
- Örtliche Wander- und Straßenkarten, Wander- und Reiseführer
- Fahrpläne, Preislisten, Veranstaltungskalender

✓ **Ermitteln Sie die Gesamtkosten der Klassenfahrt sowie die Kosten für jeden einzelnen Schüler. Die Kosten, die für die Schüler entstehen, sollten so niedrig wie möglich sein.**

✓ **Bei Auslandsklassenfahrten sollten die Einreisebestimmungen beachtet werden.**

✓ **Laden Sie die Eltern zu einem Informationsabend ein und besprechen Sie mit ihnen:**

- Reiseziel der Klasse – warum gerade dort – was gibt es zu sehen – zu hören.
- Was kostet die Reise?
- Evtl. Kostenübernahme der Eltern für besondere Veranstaltungen.
- Welche Rücksichten muss bei manchen SchülerInnen genommen werden? z.B. beim Essen, Sport etc.
- Absprache über die Höhe des Taschengeldes

- Folgen bei Fehlverhalten

- Gegebenenfalls sollte vor einer Klassenfahrt eine Versicherung für Haftpflicht, Rücktrittskosten und Krankheit abgeschlossen werden.

- Nicht zu vergessen bei Klassenfahrten: Personalausweis und Schülerausweis

Lassen Sie die SchülerInnen mitreden!

Damit alle während der Klassenfahrt harmonisch zusammenleben können, sollten Sie folgende Themen vorab gemeinsam besprechen:

- Inhalte der Klassenfahrt, thematische Schwerpunkte setzen

- Was werden wir unternehmen?

- Wie können wir Chaos vermeiden (während der Fahrt, im Bus, in der Jugendherberge usw.)?

- Wie verhalten wir uns untereinander (gegenüber LehrerInnen, anderen Gästen usw.)?

- Was passiert, wenn wir uns nicht an die Regeln halten (Rauchverbot, Alkoholverbot usw.)?

- Zimmereinteilung – wer schläft mit wem im Zimmer?

Wenn die Eltern und die SchülerInnen ausreichend informiert und miteinbezogen worden sind, und Sie bereits vorab die Planung zielsicher erledigt haben, wird die Klassefahrt zu einem echten Hit!

Übrigens, die vorgeschlagenen Klassenfahrten eignen sich nicht nur für Schulen. Auch wer einfach mal einen Wochenendtrip mit den Freunden unternehmen möchte, bekommt neue Anregungen.

Tipp: Informationen über die Autobusunternehmen in Österreich findet man im Internet auf www.fachverband-bus.at.

Zauber der Zirbenwälder

Erlebnisse erwandern im Nationalpark Nockberge

> „Keine langen Fahrten und viel Zeit zum Rumlaufen."
>
> *(Raphael, 18, Nikelsdorf)*

Wandern? Ein Raunen geht durch die Klasse, die Mundwinkel fallen nach unten. Natur ergründen, Geheimnisse erspüren und die Freiheit auskosten – klingt doch gleich viel besser. Und wenn das Ganze noch zwischen Wäldern, Bächen, Bergseen und Gipfeln stattfindet, steigt die Motivation.

Die Ranger vom Nationalpark Nockberge legen sich für die jungen Leute ordentlich ins Zeug, um ihnen die Natur schmackhaft zu machen. So werden frische Almkräuter gemeinsam in wohltuende Zuckerln verwandelt. Wem Zuckerln zu wenig sind, der kann am

Die geilste Achterbahn der Kärntner Alpen – der Nocky Flitzer

Mühlenweg gleich sein eigenes Brot backen. Natürlich gibt es auch klassische Wanderungen mit Schwerpunkt Wasser oder Bergwälder. Dabei entdeckt man mit allen Sinnen die Umgebung. Für echte Abenteurer gibt es Orientierung in der Natur. Ausgerüstet mit ein paar Tipps, wie man die Zeichen der Natur deutet sowie einem Kompass und einer Karte geht es ab ins Gelände.

Am Abend gibt es dann ein Lagerfeuer, das ohne Streichholz und Feuerzeug entzündet wird. Wer seine Klasse so gar nicht zum Gehen motivieren kann, kann auf den Bus umsteigen. Mit diesem können die Schüler bequem die Nockalmstraße entlangfahren und bei verschiedenen Attraktionen wie einer Multimediaschau auf der Glockenhütte, der Pfandlhütte mit der Tierschau „Im Reich der Murmeltiere" oder beim Naturlehrweg Windebensee eine Rast einlegen. Spuren im Schnee gibt es im Winter bei einer Schneeschuh-Wanderung zu entdecken.

Auf mysteriösen Spuren kann man im neuen Naturpark „Silva Magica" wandeln. Ein großer Felsendom lädt dazu ein, einen geheimnisvollen Raum zwischen uralten Steinblöcken zu betreten und sich mit deren Energie aufzuladen. Ein Rundwanderweg führt in die Welt der Naturgeister (Wasser-, Luft-, Erd- und Feuergeister).

► **Nationalparkverwaltung Nockberge**
Ebene Reichenau 117, 9565 Ebene Reichenau
www.nationalparknockberge.at

Günstig essen und schlafen

Richtig schöne Alpengasthäuser – auch für große Gruppen – findet man in Bad Kleinkirchheim (www.gasthof-hinteregger.at), in Eisentratten (www.aschbacher.at) und auf der Turracher Höhe (www.alpenrose-pichler.at). Die Vollpension gibt es hier ab 25 Euro pro Tag.

Weitere Attraktionen

► **Thermen-Spaß in Bad Kleinkirchheim**
Zuerst eine Runde durch den Nationalpark Nockberge drehen und sich dann im Römerbad oder im Kathreinbad in Bad Kleinkirchheim erholen. www.badkleinkirchheim.at

Oben:
Die Therme Römerbad lädt zum Entspannen ein.

Links:
Silva Magica im Nationalpark Nockberge

► Alpen-Achterbahn und Bergkristalle auf der Turracher Höhe

Edelsteine, Gold, Diamanten und die größten Bergkristalle der Welt gibt es im Alpinmusuem Kranzelbinder auf der Turracher Höhe. Danach geht es mit dem Nocky-Flitzer mit vollem Speed von 2000 Meter Seehöhe ab ins Tal. Der ultimative Kick! Der Nocky Flitzer ist auch im Winter täglich in Betrieb! www.turracherhoehe.at

► Mit dem Bike zum Speik

Wenn Radler in Bad Kleinkirchheim einfach mal verduften und wie geölt in Fahrt sind, dann hat das einen einfachen Grund: Sie sind mit dem Bike unterwegs zum Speik. Denn auf den sanften Hängen der Nockberge rund um Bad Kleinkirchheim blüht Radfahrern und Wanderern Ungewöhnliches: Die Speik-Pflanze, eine alpine Baldrianart, bezaubert mit ihrem intensiven Geruch und ist weltweit äußerst selten, jedoch auf den Kuppen der Nockberge zu Hause. Unterwegs bieten in eigens ausgewiesenen Hütten spezielle Bike-Speik-Stopps ein kühlendes Fußbad im Wasser-Wandl und Fußsalbungen mit Speik-Öl. Die knapp 30 Kilometer lange Tour führt über rund 1.160 Höhenmeter. www.badkleinkirchheim.at

Gemeinsam kreativer werden

Künstlerische Ader in und rund um Bleiburg entdecken

„Super wäre etwas Kreatives,
wie ein Besuch einer Mosaikschule.

(Stephanie, 18, Klagenfurt)"

K wie Kunst und Kreativität – einen Tag oder eine ganze Woche ausprobieren und sich dem Gestalten und Werken widmen. Dafür ist Bleiburg im idyllischen Unterkärnten genau der richtige Ort. Künstler wie Werner Berg und Kiki Kogelnik sowie Kunstsammler Herbert Liaunig haben die Gegend geprägt.

Direkt in Bleiburg gibt es das Werner Berg Museum. Es wurde 1968 eröffnet und beherbergt den reichen Bilderbestand der Stiftung Werner Berg. Es zeigt einen repräsentativen Überblick über das Lebenswerk des 1904 in Elberfeld (Wuppertal) geborenen Künstlers. Heimstätte des Museums ist ein jahrhundertealtes Gebäude am

Ein Privatmuseum der besonderen Art: Museum Liaunig

Bleiburger Hauptplatz, das 1997 sehr gefühlvoll revitalisiert wurde. 2009 wurde das Museum um einen Lift, eine überglaste Kreativwerkstätte sowie einen wunderschönen Skulpturengarten erweitert. Geöffnet hat das Museum von Mai bis Oktober, Dienstag bis Sonntag von 10 bis 18 Uhr. www.wernerberg.museum

Kultur kann man auf dem Kunst-Radweg Bleiburg St. Michael erfahren. Der Kunst-Radweg führt 25 Kilometer durch das südliche Jauntal, vorbei an über 16 Kunstschätzen und Naturwundern. Kirchen, Bildstöcke, Heilquellen, Kraftsteine, Skulpturen und die höchste Eisenbahnbrücke Europas sind dabei. Perfekt als Tagesausflug oder Einstieg in eine kreative Woche in der Region (www.kunstradweg.at). Räder und geführte Touren können vor Ort gemietet werden.

Töpfern, Weben, Glasfusing oder Glasperlendrehen, Theater spielen und vieles mehr kann man im Werkhof Bistrica. Der Werkhof ist ein kleiner Betrieb, der sich ganz dem kreativen Erholen verschrieben hat. In einer ehemaligen Druckerei sind Kreativ-Werkstätten sowie ein großer Saal untergebracht, im Haus selbst stehen für Schulklassen und Gruppen Zimmer und Ferienwohnungen zur Verfügung. Das Besondere daran: Schon am ersten Tag wird man Teil der Familie. Die Küche ist offen, jeder kann den beiden Köchinnen über die

Kreativ arbeiten – in Bleiburg wird man von der Muse geküsst.

Schulter schauen. Egal ob in der Früh, zu Mittag oder am Abend, von den hausgemachten Köstlichkeiten bleibt garantiert nichts über, weil sie so gut schmecken. Schulklassen können sich im Haus völlig frei entfalten. Und auch wenn es einmal lauter oder später werden sollte, drückt der Hausherr beide Augen zu …

► Werkhof Bistrica
Feistritz 31, 9143 St. Michael
www.werkhof-bistrica.at

Ebenfalls in Bleiburg gibt es das europaweit erste JUFA Gästehaus, das vollständig als Passivhaus errichtet wurde und ganz im Zeichen des zukunftsorientierten Bauens und Lebens steht. Das Haus bietet 150 Betten und ausreichend Platz für größere Gruppen.

► Campus Futura - Jugend- & Familiengästehäuser
Dr. Ludwig Herbst-Straße, 9150 Bleiburg
www.campus-futura.at

Günstig essen

Frisch auf den Tisch kommt das Essen beim Mochoritsch. Schnell, gut und mit reichlich Platz für viele Leute. Und das gleich drei Mal: in St. Primus, in Griffen und in Seelach. www.mochoritsch.at

Weitere Attraktionen

► Museum Liaunig: Das Privatmuseum des Industriellen Herbert W. Liaunig in Neuhaus ist nicht nur ein genialer architektonischer Entwurf, es beherbergt die Sammlung zeitgenössischer bildender Kunst, die über die letzten vier Jahrzehnte aufgebaut wurde. Das neue Museum zeigt auf einer Ausstellungsfläche von rund 3200 Quadratmetern (große Ausstellungshalle, Graphikraum und Schaudepot) eine überwiegend von Prof. Peter Baum kuratierte Auswahl aus der umfangreichen Sammlung zeitgenössischer Kunst sowie – als herausfordernden Kontrapunkt zur Moderne – die künstlerisch und ethnologisch einzigartige Sammlung afrikanischen Goldes, die in einem eigens dafür entwickelten Annex unter der Erde besichtigt werden kann. Geöffnet von Mai bis Oktober, Besichtigung nach Vereinbarung, www.museumliaunig.com

► Kraft der Blumen: Am Sonnegger See wurde auf 40.000 Quadratmetern ein großer Erlebnispark mit mehr als 50.000 Pflanzen in 5.000 Sorten geschaffen. Ein Natur-Erlebnis-Parcours führt durch die verschiedenen Themen. Täglich geöffnet von April bis November. www.blumen-erlebnis-park.at

► Obir-Tropfsteinhöhlen: Rein geologisch betrachtet zählen die Obir-Höhlen zu den schönsten Naturhöhlensystemen Österreichs. Eine Rarität sind die lebenden Tropfsteine, Zeugen von 2,6 Millionen Jahren Geschichte. Auf einer Länge von fünf Kilometer erstrecken sich zwölf Höhlen, jener Teil, der besichtigt werden kann, ist durch ein 1,3 Kilometer langes System von Gängen verbunden. Seit 1991 sind sie von Ostern bis Oktober geöffnet und können in geführten Gruppen besichtigt werden. Im Sinne von Nachhaltigkeit und Ressourcenschonung wurde damals beschlossen, die 24 Kilometer lange Zufahrt zu den Höhlen auf 1024 Meter Seehöhe nicht öffentlich zugänglich zu machen. Die Entdeckungsreise startet somit mit den Höhlenbussen am Hauptplatz von Bad Eisenkappel und führt nach rund drei Stunden Naturerlebnis wieder dorthin zurück. www.hoehlen.at

► Drau-Schifffahrt: Die Drau hautnah erleben kann man auf einer Rundfahrt mit der MS Magdalena. Die Drau ist Kärntens Hauptfluss und an manchen Stellen bis zu 24 Meter tief. Die Wasserfläche beim Völkermarkter Stausee beträgt zehn Quadratkilometer. Tipp: Es gibt tolle Kombi-Tickets z.B. mit dem Vogelpark Turnersee oder den Obir-Tropfsteinhöhlen. Das Schiff fährt von April bis September. www.drauschifffahrt.at

► Griffner Schlossberg: Rund drei bis vier Stunden dauert eine geführte Wanderung auf den Griffner Schlossberg mit der gut erhaltenen Ruine und einem herrlichen Ausblick.

► Die Rosaliengrotte am Hemmaberg wird von dem Einheimischen seit Jahrtausenden als geheimnisvolle und heilige Stätte verehrt. Bei der Grotte wird das Wasser direkt aus der Quelle getrunken. Es soll Heilkraft haben. Die Grotte und die Quelle sind ganzjährig zugänglich. Wer will, kann auf den Hemmaberg wandern. Hier gibt es archälogische Ausgrabungen aus dem 5. und 6. Jahrhundert nach Christus. Er zählt zu dem größten frühchristlichen Wallfahrtsort Mitteleuropas. Ausgangsort ist Globasnitz. Hier steht auch das Schloss Elberstein, dass von Johann Elbe selbst erbaut wurde. Es kann besichtigt werden. www.globasnitz.at

Einblick in das Leben der Soldaten

Erster Weltkrieg in den Bergen

Vergangenheit hautnah im Museum 1915-1918 in Kötschach-Mauthen

Als Mahnung zum Frieden in Europa dokumentiert das Museum 1915-1918 im Rathaus von Kötschach-Mauthen die Front vom Ortler bis zum Isonzo, die Geschichte des Ersten Weltkrieges anhand der Schicksale einfacher Soldaten und der Zivilbevölkerung auf beiden Seiten mit zahlreichen Dokumenten, historischen Fotos, Fundstücken und Exponaten sowie dem Nachbau alpiner Stellungen. Auf über 600 Quadratmetern wird die Sinnlosigkeit eines Krieges gezeigt. Die Arbeiten der Dolomitenfreunde an den Friedenswegen vom Col di Lana bis zum Plöckenpass bilden den Abschluss.

Es gibt einen großen Parkplatz direkt beim Rathaus, das Museum ist aber auch mit Bus oder Bahn erreichbar. Für Rollstuhlfahrer gibt es einen Treppenlift und behindertengerechte Einrichtung. Weiters: museumspädagogische Programme für Schulklassen; Führungen für Schüler diverser Altersklassen; Kinder-Spielecke, Verkauf von Fachliteratur, Sonderausstellungen. Geöffnet von 15. Mai bis 15. Oktober, www.dolomitenfreunde.at

Im Freilichtmuseum des Gebirgskrieges 1915-1917 am Plöckenpass kann man bei einer Wanderung Zeitgeschichte hautnah erleben, denn die Landschaft und ihre Geschichte bilden hier eine aussagestarke geschlossene Einheit. Das weltweit größte Freilichtmuseum dieser Art ist mit rekonstruierten Weg- und Stellungsanlagen, Baracken, Stollen und Postenständen die ideale Ergänzung zum Museum 1915-1918 und wird jährlich durch die Freiwilligen der Dolomitenfreunde weiter ausgebaut. Die vier Sektoren sind ab der

Schneeschmelze im Frühjahr bis zum Eintritt herbstlichen Schlechtwetters bei freiem Eintritt zu begehen. Zeitbedarf je nach Sektor von einer Stunde bis zur Tagestour (100 bis 600 Höhenmeter Aufstieg). Wichtig: gute Schuhe und Kälteschutz; Taschenlampen, Verpflegung und Getränke mitnehmen (am Kleinen Pal gibt es keine Schutzhütte)! Erreichbar ist das Freilichtmuseum über die Plöckenpass-Bundesstraße B111 bis Plöckenhaus oder österr. Grenzparkplatz (ca. 14 km).

Günstig übernachten

Im Hermagor gibt es günstige Hütten und Sportappartements bei Sölle (www.soelle.at).

Weitere Attraktionen

► Rasant flussabwärts: Canyoning im Gailtal: Jeden Mittwoch, Rathaus Kötschach (www.alpincenter.cc) oder Reifentrekking – ausgestattet mit einem speziellen Reifen, Neoprenanzug, Helm und Schwimmweste geht es flussabwärts (www.fitundfun-outdoor.com).

► Cellonstollen: Direkt am Plöckenpass gibt einen leichten Klettersteig. Mit passender Ausrüstung und Führer geht es ab in den Stollen und 180 Höhenmeter ins Berginnere. www.alpincenter.cc

► Kärntens längste Sommerrodelbahn Pendolino gibt es am Nassfeld. www.nassfeld.at

► Klettersteige, Felstürme, Seilbrücken, kleine Höhlen und Abseilschluchten, Überhangsblöcke und Hochseilelemente sorgen im NTC Felsenlabyrinth auf der Tressdorfer Alm für den Adrenalin-Kick. Dazu gibt es eine Flying Fox Meile. Geöffnet von Mai bis Oktober. Für alle, die vom Klettern nicht genug bekommen können, gibt es das Kletter-Camp. www.soelle.at

► Spiel, Spaß, Entspannung und gleichzeitig Erholung – das bietet der 1. Kärntner Erlebnispark am Pressegger See in Hermagor. Sämtliche Attraktionen, der Zutritt zum Seebad und einiges mehr sind im Eintrittspreis enthalten. www.erlebnispark.cc

► Schlechtwetteralternative: Kletterhalle Hermagor oder Schwimmen in der Aquaarena Kötschach-Mauthen. www.aquarena.info

Ein paar Tage entlang der Windstraße

Die bunten Geheimnisse von Karst und Adria

> „Die beste Wahl für junge Leute sind die Städte am Meer: Portorož, Koper, Izola und Piran.
> *(Natalija, Ragaska Slatina, 23)*"

Slowenien hat viele spannende Themenstraßen durch das Land anzubieten. Die Bernsteinstraße ist eine der bekannteren, die Windstraße zählt noch zu den Geheimtipps. Sie führt von Portorož nach Ljbuljana und bietet unterwegs viele bunte Erlebnisse. Meer, Kultur, Natur und Kulinarik – für jeden ist etwas dabei. Insgesamt hat sie eine Länge von 230 Kilometer, einzige Teilstücke lassen sich gut zu einem Tagesausflug zusammenfassen.

Ideal ist ein Drei-Tage-Trip mit Koper oder Portorož aus Ausgangspunkt. Am ersten Tag steht ein Ausflug in das malerische Dorf Hrastovlje auf dem Programm. Die Kirche im Ort ist für ihre Fresken aus dem Jahr 1490 bekannt und gehört zum UNESCO-Kulturerbe. Nach der Besichtigung geht es per pedes oder Rad in das Dragonja-Tal. Grün und intakte Natur, wohin man blickt. Der Abend kann in der Hafenstadt Koper ausklingen. Die Altstadt von Koper liegt auf einer ehemaligen Insel, die man durch das 1516 erbaute Muda-Tor betritt. Der Titov trg ist einer der schönsten Plätze Sloweniens und erinnert ein wenig an Venedig.

Der zweite Tag bietet Erholung an der Küste. Die alte Fischerstadt Izola mit ihrer bewegten Geschichte und dem Museum Parenzana wird besichtigt. Der älteste Teil der Stadt liegt auf einer ehemaligen Insel. Wer will, kann ins Naturreservat Strunjan mit einem vier Kilometer langen und 80 Meter hohen Kliff auf der Anhöhe Belvedere wandern – großartiger Ausblick!

Der dritte Tag steht ganz im Zeichen der alten Seefahrertradition. In der Hafenstadt Piran gibt des Seemuseum Einblick in das harte Leben von früher, genauso wie das Freilichtmuseum. Nicht weit von

Piran liegen die Salinen von Sečovlje. Hautnah erlebt man, wie sich Salz-Kresse an den salzhaltigen Lebensraum anpasst und vieles mehr. Ein Mekka für Naturkundler und Wandervögel. Oder man lässt den Tag gemütlich ausklingen bei einem Kaffee am Tartiniplatz in Piran.

Infos aufs Handy

Super praktisch ist der Handyguide der Themenstraße. Man kann ihn auf dem mobilen Tourismusportal mobile.slovenia.info in fünf Sprachen abrufen. Wer lieber klassisch im Web nachliest, findet auf www.slovenia.info alle Infos. Außerdem hilt das Tourist-Info-Center Izola (www.slo-istra.com/izola) und das Tourist-Info-Center Ankaran (www.koper.si) gerne weiter.

Günstig übernachten

► Apartments Petovar
Vojkova ulica 6, Portorož
T +386 5 677 98 40
Die Familienappartements sind nur 800 Meter vom Meer, dem Strand und dem Zentrum von Portorož entfernt.

► Jugendhotel Pliskovica
Pliskovica 11, Dutovlje
www.hostelkras.com
Das Jugendhotel Pliskovica liegt in einem renovierten Karst-Bauernhaus. Hübsch und beschaulich.

► Gastwirtschaft Pav
Ulica Rakovške čete 6, Rakek
www.pav.si
Zum Pav geht man mit großen Gruppen zum Essen. Es gibt eine Terrasse, auf der 40 Leute Platz finden.

Weitere Attraktionen

► Die Höhle von Postojna ist ein System von 20 Kilometer langen Gängen, Galerien und Hallen. Mit einem Zug geht es ab in Tiefe zu den Tropfsteinen und den vielen Höhlentieren! Die Besichtigung dauert rund 1,5 Stunden. Warme Sachen zum Anziehen mitnehmen, in der Höhle hat es meist unter 10 Grad. Sehenswert sind auch die Grotte Pivka und Schwarze Grotte. www.turizem-kras.si

► Rund zehn Kilometer von der Grotte Postojna entfernt steht die Höhlenburg von Predjama. Sie wurde in einer 123 Meter hohen Felswand mit vier Geschossen gebaut und scheint zu schweben. Der Legende nach soll hier einst Raubritter Erasmus gelebt haben.

► An der slowenisch-italienischen Grenze liegt das über vierhundert Jahre alte Gestüt Lipica. Es gehörte einst dem Wiener Hof und diente zur Zucht der edlen Pferde. Heute ist es Austragungsort vieler Reitveranstaltungen. Nicht nur interessant für Pferdeliebhaber! Perfekter Zwischenstopp für die Heimreise. www.lipica.org

► Hexenberg Slivnica und der Sickersee bei Cerknica: Kurz nach Cerknica erstreckt sich die größte slowenische Karster Polje mit dem Sickersee, dem Cerkniško jezero. Wer Glück hat, kann ihn sehen. Den besten Blick hat man vom 1114 Meter hohen Berg Slivnica auf den See, wo einst Hexen ihr Unwesen trieben. Eine Präsentation der zahlreichen Karster Erscheinungen zeigt das Museum Jezerski hram. In der Nähe liegen auch die Höhlen Križne jame. Sie besichtigt man auf einem grünblauen unterirdischen Fluss per Boot. Wieder ein paar Kilometer weiter ist man schon beim Schloss Snežnik, ein Repräsentationsobjekt der Republik Slowenien.

► Eine lokale Themenstraße – die Istrien Weinstraße – führt ins Weinbaugebiet von Koper. Neben dem Wein gedeihen auf diesem Boden Olivenbäume sehr gut. Außer Weingütern finden sich hier Bauernhöfe, Ölmühlen und Kunsthandwerker, die sich über einen Besuch freuen.

Links: Die edlen Pferde des Gestüt Lipica
Rechts: Die Höhlenburg von Predjama

Bewegung im Bergparadies

Nationalpark Triglav: Zwischen schroffen Felsen und reißendem Wasser

Die Naturschönheiten der slowenischen Berge kann man im Nationalpark Triglav erleben. Der Nationalpark liegt inmitten der Julischen Alpen in der Nähe des Dreiländerecks zwischen Kärnten, Slowenien und Italien. Hier findet man Gletschertäler, Hochebenen, kristallklare Gewässer, tiefe Schluchten, Gämsen und Steinböcke. Das Tal der Sieben Triglav-Seen wurde im Jahr 1924 zum ersten geschützten Gebiet in Slowenien erklärt. Der heutige Triglav Nationalpark (seit 1981) umfasst den Großteil der östlichen Julischen Alpen. Der Nationalpark hat eine Fläche von 84,805 Hektar. Sein höchster Punkt ist der Gipfel des Triglavs (2864 m), der niedrigste befindet sich in den Schluchten von Tolmin (180 m). Vor allem Sportfreaks und Naturfreunde kommen hier voll auf ihre Kosten.

Das Besucherzentrum Triglavska roža in Bled hilft gerne bei der Organisation. Es gibt Multimedia-Darstellungen, Ausstellungen, Garten, Shop, Markt und Workshops wie eine Fotowerkstätte für die Besucher. Direkt im Nationalpark kann man sich im Besucherzentrum im Dorf Trenta mit der Umgebung vertraut machen. Das Trenta-Museum gehört zu den ältesten ethnologischen Sammlungen in Slowenien. Auch Workshops und Übernachtungsmöglichkeiten werden angeboten. Den Nationalpark Triglav kann man gut mit Bus und Bahn erreichen.

Informationen: Triglavski narodni park: www.tnp.si

Günstig übernachten

► Gasthaus und Ferienbauernhof Psnak
Zgornja Radovna, Mojstrana
Bauernhof und Gasthof haben lange Tradition im Tal. Es gibt Appartements mit Frühstück oder Halbpension. Plus: Reitmöglichkeit!

► Trenta-Haus und Appartements Dom Trenta
Informationen direkt im Nationalpark Triglav

Links: Den Nationalpark Triglav auf eigene Faust erobern
Rechts: Wasserabenteuer auf der Soča

Weitere Attraktionen

► Der älteste Wanderweg im Nationalpark Triglav führt den Soča-Fluss entlang. Los geht's direkt bei der Quelle des Flusses. Nach rund drei Stunden ist man beim Besucherzentrum Dom Trenta angelangt. Der gesamte Weg ist rund 20 Kilometer lang und man braucht etwa drei Stunden bis zum Info-Center in Trenta. Wem das zu wenig ist, der kann noch nach Bovec marschieren. Schön ist, dass man wirklich direkt am Wasser gehen und über viele Holzstege den Fluss queren kann.

► Wer von einer Wanderung durch die Schlucht nicht so begeistert ist, kann die Natur flussabwärts erleben: Rafting und Wasserabenteuer im Soča-Tal. Ein echter Adrenalin-Kick, versprochen!

► Für den Weg durch die Tolminer Trogschluchten braucht man eine gute Stunde. Mit 180 Meter sind die Tolminer Trogschluchten der niedrigste Punkt des Nationalparks Triglav. Wildromantisch und gut beschildert, an manchen Stellen abenteuerlich, aber immer sicher!

► Der Radovna-Radweg wird jene begeistern, die gerne die Natur- und Kulturlandschaft ohne große Anstrengungen kennenlernen möchten. Mit dem Rad geht es das Radovna-Tal entlang, von Krnica bei Zgornje Gorje bis zum Pocar-Hof in Zgornja Radovna, wo es ein Museum gibt. Die meiste Zeit fährt man auf Schotter, es gibt nur einzige gröbere Steigung, die man auch umfahren kann. Zehn Tafeln geben Informationen übers Tal. Der Radweg ist 16 Kilometer lang und man braucht zwischen drei bis dreieinhalb Stunden. Ein Fahrrad kann vor Ort in den Reisebüros in Bled, in den Hotels oder in manchen Unterkünften ausgeliehen werden.

Dino-Suche in den Dolomiten

Dolomythos: Das Museum zum Welt-Naturerbe

Ein spannender Tagesausflug im Zeichen der Dinosaurier und Dolomiten führt ins idyllische Innichen in Südtirol. Die Anreise aus Kärnten ist besonders praktisch, weil es eine gute Bahnverbindung gibt. Natürlich fährt auch ein Bus. Ab Klagenfurt dauert die Reise rund drei Stunden.

Dolomythos liegt im Zentrum von Innichen, in der Fußgängerzone. Eigentlich ist Dolomythos ein ehrenamtlicher Verein, der von Michael Wachtler, einem Entdecker und Filmemacher, gegründet wurde. Sein Ziel: die Schönheiten der Dolomiten zeigen und jungen Menschen das Naturbewusstsein und Abenteuergeist vermitteln. Wachtler war selbst sein Leben lang in den Bergen unterwegs, oft als Kristallsucher, dann als Goldgräber. Er entdeckte neue Saurierarten: eine davon, der „Megachirella wachtleri“, ist sogar nach ihm benannt worden. Aber genauso entdeckte er neue Urzeitpflanzen, die der Wissenschaft bisher unbekannt waren.

Michael Wachtler schrieb Bücher und drehte Filme über große Abenteuer in den Alpen. Mit dem Dolomythos hat er eine einzigartige moderne und interaktive Ausstellungswelt geschaffen. Auf einer überdachten Fläche von 300 Quadratmetern kann man sich auf seine Spuren begeben und Kristallwelten, Saurier, Pflanzen und vieles mehr erkunden. Draußen gibt es dann noch zusätzliche 5.000 Quadratmeter Wissenswertes rund um Dinosaurier, Ersten Weltkrieg und Goldfieber. Die Attraktion von Dolomythos für alle jungen und alten Abenteurer ist die Schatzsuche. Sie können nach Bergkristall, Achat, Amethyst und sogar nach Gold graben und die gefundenen Schätze auch mitnehmen. In einem eigenen Gelände für Fossilien können Dinosaurier ausbuddelt werden. Die Sagenwelt der Dolomiten eröffnet sich ihnen im Dolomythos-Cinema, genauso wie andere Filme rund um die Wunderwelt der Dolomiten. Dolomythos selbst verfügt über einen Shop, eine 200 Jahre alte Bauernstube zum Essen und Trinken und Übernachtungsmöglichkeiten.

Im Ort reiht sich ein Restaurant an das nächste, genauso wie verschiedene Geschäfte. Ein Bummel und der Besuch der ältesten

Wissensvermittlung auf die andere, coole Art

romanischen Kirche im Alpenraum bietet sich damit an. Egal, ob Sommer oder Winter, es gibt immer viele Veranstaltungen, Schneeskulpturenfestival, Gaukler, oder Antiquitätenmärkte u. v. m.

Infos

► DOLOMYTHOS
Schatzkammer der Dolomiten, ganzjährig geöffnet
P.-P.-Rainerstr. 11, 39038 Innichen
www.dolomythos.com
www.michaelwachtler.com

Weitere Attraktionen

► Klettersteige im Hochpustertal: Keine Frage, die Dolomiten sind eine Region der Superlative. Der Fels ist allgegenwärtig und sorgt für den nötigen Thrill bei einer Klettertour. Auf den ausgebauten Klettersteigen können auch Kletter-Laien ganz hautnah das Abenteuer Berg erleben. Es gibt ein Klettersteigset und einen Klettersteigkurs mit den Grundlagen. Eine super Strecke für Einsteiger führt auf den Paternkofel (2744 m). Dabei geht es durch einen Tunnel aus dem Ersten Weltkrieg über Bänder und Passagen zum Gipfelkreuz. Sogar Kinder können den Klettersteig bewältigen!
Weitere Infos: www.hochpustertal.info oder www.alpinschule.com

Schatzsuche im Freien

► Biken in den Dolomiten: Wer lieber mit dem Rad die Bergwelt entdecken möchte – kein Problem: Es gibt zahlreiche Mountainbike- und Radstrecken.

► Für Naturliebhaber ist der Wildbach Innichen ein Muss. Mitten in Wäldern liegt das Wildbad Innichen. Fünf Mineralquellen entspringen hier: Kaiser-, Lavaredo-, Candidaquelle, Schwefelwasser und Eisenwasser.

► Das Freilichtmuseum Rotwand dokumentiert auf eindringliche, aber einfühlsame Art die Geschehnisse im Ersten Weltkrieg anhand von Originalschauplätzen mit Relikten aus dieser Zeit. Damals kämpften österreichisch-ungarische, deutsche und italienische Truppen auf der Sextner Rotwand. Für das österreich-ungarische und deutsche Militär war die Rotwand ein sehr wichtiger Beobachtungspunkt der feindlichen Stellungen. Für das italienische Heer bildete die Rotwand ein kaum zu überwindendes Hindernis. Die rekonstruierten Stellungen und Gräben erzählen von den Leiden und Gefahren der Betroffenen, von den Problemen des Alltags und den Ängsten der Soldaten.

Südtirol auf dem i-phone

Von ausgefallenen Weintipps über Veranstaltungen bis hin zu Informationen über den öffentlichen Nahverkehr – mit der eigenen iPhone-Applikation „Hochpustertal“ oder „Alta Pusteria“: Einmal heruntergeladen kann der neue digitale Hochpustertal-Guide über die benutzerfreundliche Menuführung sofort helfen, die richtige Piste zu finden oder nach einer urigen Hütte für die nächste Brotzeit zu suchen.

Wenn die Erde bebt ...

Die Geschichte eines Erdbebens und der betroffenen Menschen in Friaul

Es war der 6. Mai 1976 um neun Uhr Abend: innerhalb einer Minute zerstörte ein Erdbeben Friaul. Die Erinnerung daran ist bei vielen noch lebendig. Doch wer noch nie ein Beben miterlebt hat, kann sich nichts darunter vorstellen. Genau deshalb wurde in Venzone, einem Städtchen am Eingang des Kanaltals, ein einzigartiges Museum geschaffen – Tiere Motus.

Im Palazzo Orgnani Martina zeigt eine Dauerausstellung den schrecklichsten und gleichzeitig bedeutendsten Moment der modernen Geschichte des Friauls nach dem Zweiten Weltkrieg: das Erdbeben von 1976. Die Besucher erfahren in einer multimedialen Aufbereitung alles über das Erdbeben, die Evakuierung und den Wiederaufbau, wodurch praktisch ein neues Friaul geschaffen wurde.

Höhepunkt ist der letzte Saal, genannt „der Orcolat". Hier erlebt man in einer Simulation das Erdbeben hautnah mit. Ein Videofilm in 3D-Grafik zeigt realisierte Szenen, die mit Archivaufnahmen gemixt sind. Mithilfe einer genauen Reproduktion des Einsturzes vom Dom in Venzone kann der Betrachter das Geschehen nachvollziehen. Das dumpfe Grollen und die Geräusche lassen den Körper regelrecht erzittern. Möglich wird das durch Infraschallfrequenzen, die von einer speziellen Audioanlage erzeugt werden.

Ein Museum, in dem die Erde bebt – Tiere Motus

Der zweite Stock des Orgnani Martina-Gebäudes beherbergt eine zweite Ausstellung über „Wald, Mensch, Wirtschaft" und zeigt alle Aspekte des Ökosystems Wald.

Auch das Gebäude selbst ist sehenswert. Es ist der besterhaltene Palazzo Venzones und stammt aus dem 16. Jahrhundert. Idyllisch: der Innenhof samt sehenswertem Balkon und Brunnen.

Unterwegs in Venzone

Venzone wird für seinen antiken Charme geschätzt. Das älteste Gebäude – Casa Marcurele – stammt aus dem 6. Jahrhundert. Ein Bummel durch die Altstadt lohnt sich und gleich neben dem Museum kann man gut und günstig essen. Die Lokale bieten typische Speisen, aber auch internationale Küche. Übernachtungstipp: In Venzone gibt es einige Agriturismo-Betriebe. Einer davon ist „Casali Scjs“ mit Restaurant in der Via Strada di Scjs.

► Tiere Motus
Geöffnet Freitag: 15 bis 19 Uhr,
Samstag und Sonntag: 9 bis 13 Uhr / 15 bis 19 Uhr, größere Gruppen können für einen Besuch außerhalb der Öffnungszeiten anfragen
Palazzo Orgnani Martina
via Mistruzzi n. 4/9, Venzone
Kontakt: Associazione Comuni Terremotati
e Sindaci della Ricostruzione del Friuli
Palazzo Municipale, Venzone
www.tieremotus.it

Weitere Attraktionen

► Mumien im Dom von Venzone: Im wiederaufgebauten Dom Sant'Andrea befindet sich die geheimnisumwobene Kapelle San Michele, in der die berühmten Mumien verwahrt werden. Ihre Geschichte geht auf 1647 zurück, als man, als erste von rund vierzig mumifizierten Leichen, jene des „Buckligen“ in den Grüften des Doms fand. Ganz schön gruselig!

► Großes Kürbisfest im Oktober: Musikanten, Jongleure, Ritter und Edelfrauen, Knappen, Bettler und viele andere Figuren erweisen der Stadt die Ehre. Die Hauptrolle spielt aber der Kürbis in allen Formen, Größen und Zubereitungen.

► Gleich ums Eck von Venzone, in dem kleinen Ort Bordano an den

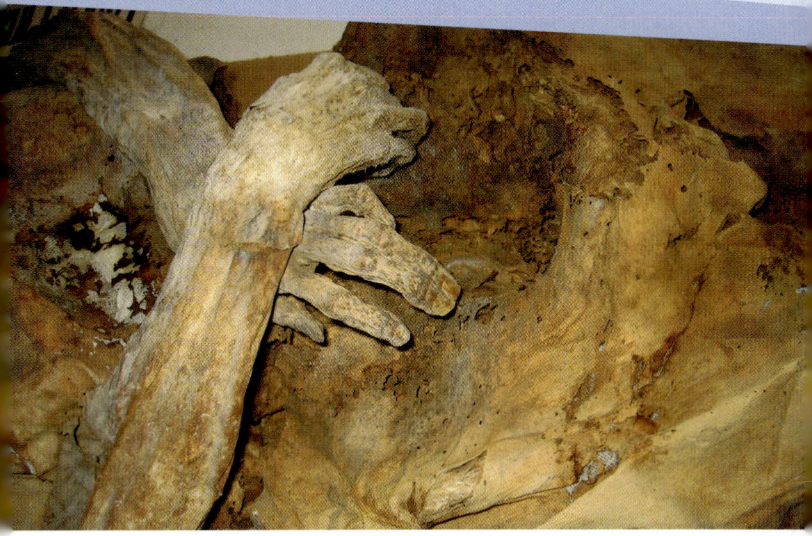

Gruselig und faszinierend: die Mumien von Venzone

Ufern des Cavazzo-Sees gibt es ein schmuckes Schmetterlingshaus. Im Inneren des Ökomuseums fliegen mehr als 400 Schmetterlingsarten aus der ganzen Welt umher. Die Casa delle Farfalle umfasst ferner ein didaktisches Zentrum mit Laboratorien, Videobereichen und interaktiven Orten, die sich noch im Aufbau befinden. Ein kompletter Bereich ist den Farben gewidmet, in dem die Schmetterlinge die Geheimnisse ihrer Sprache enthüllen. Der Schmetterlingspfad ist ein geführter Weg durch die Natur, um die über 100 Arten von Tag- und 550 von Nachtfaltern zu entdecken, die den Monte San Simeone bevölkern, ein echtes, lebendes Laboratorium, das von Wissenschaftlern aus aller Welt besucht wird. Außerdem haben im Ort Künstler und Bewohner Mauern mit Murales, farbenfrohen Gemälden, geschmückt. Casa delle Farfalle, Via Canada, Bordano, geöffnet von März bis Oktober, www.casaperlefarfalle.it

► Einen Besuch wert ist die Grotte di Villanova. Sie ist die am weitesten ausgedehnte Verbindungshöhle (8 Kilometer) zwischen zwei verschiedener Felsarten in Europa. Die geführten Besichtigungen dauern etwas länger als eine Stunde. Nach Reservierung werden auch Höhlenexkursionen zu den tiefsten Teilen der Höhle unternommen. Diese dauern zwischen drei und fünf Stunden, Ausrüstung wird zur Verfügung gestellt. Von Dezember bis Februar ist die Grotte geschlossen. www.grottedivillanova.it

Poetischer Mythos am Meer

Ein Ausflug zum Schloss Duino

Rainer Maria Rilke, Franz Liszt, Richard Strauß, Victor Hugo oder Mark Twain waren begeistert von der wunderschönen Landschaft der Gemeinde Duino-Aurisina. Der Karst trifft auf das Meer, und der Blick über den Golf von Triest raubt einem fast den Atem. Besonders zur Geltung kommt das auf dem Rilke-Weg. Dieser ist vier Kilometer lang und wurde von National Geographic als einer der schönsten Wanderwege der Welt bezeichnet. Nach dem Campingplatz Mare Pineta – übrigens eine guter Übernachtungstipp – gibt es ein kleines Info-Häuschen und einen Parkplatz. Dieser Weg endet in Duino. Nur wenige Schritte entfernt ist das Schlosstor.

Die Geschichte von Schloss Duino reicht 2.000 Jahre zurück. Rund um den römischen Vorposten entstand das heutige Schloss. Nicht weit davon stand eine antike Anlage, die dem Sonnengott geweiht war. Das Schloss selbst entstand im 14. Jahrhundert und ist heute Eigentum der Fürsten Torre e Tasso, also Thurn und Thaxis. Teile der Schlossanlage sind für Besichtigungen geöffnet. Auf verschiedenen Ebenen erstreckt sich der Schlosspark. Zwischen der Blütenpracht und dem Grün trifft man auf einen Bunker, der 400 Quadratmeter groß ist und bis zu 18 Meter tief in den Felsen gehauen wurde. Er wurde von Zwangsarbeitern im Zweiten Weltkrieg errichtet.

Lyrisch-romantisch: Schloss Duino

In dem kleinen Hafen von Duino kann man in der Abendsonne herrlich speisen. Von einer Laube überdacht ist die Terrasse vom Al Cavalluccio. Hier kommen Fischliebhaber voll auf ihre Kosten! www.alcavalluccio.it

Weitere Attraktionen

► Baden und Feiern in Sistiana: In der Bucht von Sistiana gibt es einige eintrittsfreie Badestrände. Im Sommer werden von den Sportvereinen verschiedenste Kurse angeboten. Am Abend wird gefeiert, gechillt und getanzt.

► Anreise oder Heimfahrt über Cormons: Das Collio-Weinbaugebiet erstreckt sich entlang den Osthügeln der Provinz Gorizia und trägt die kontrollierte Ursprungsbezeichnung DOC. Durch das milde Klima gedeiht nicht nur der Wein richtig gut, sondern man kann herrlich durch Gorizia flanieren, das im Habsburgerreich als Nizza der Adria bezeichnet wurde. Restaurant-Tipp: Fischlokal Osteria / Ristorante Campiello San Giovanni al Natisone, Weinkauf-Tipp: Maurizio Buzzinelli, Loc. Pradis 20, Cormons.

► Etwas erhöht auf einem Hügel mitten in den Weingärten des Collio liegt das Castello di Spessa in Capriva. Es stammt aus dem 13. Jahrhundert und war der Wohnort des friaulischen Adels. Berühmte Persönlichkeiten wie Giacomo Casanova waren einst zu Gast im herrlichen Schloss.

Schulpakete der Region Friaul-Julisch Venetien

Die Agentur Turismo FVG hat einen eigenen Katalog für den Schultourismus heraus gegeben. Darin werden drei Schwerpunkte gelegt: Routen zwischen Kultur und Geschichte, Skiwochen und Lehraufenthalte im Grünen. Die Routen zwischen Kultur und Geschichte führen von Triest bis Aquileia und von Gorizia bis Cividale, mit im Programm sind viele Kunstschätze. In der Provinz Gorizia besucht man neben Stätten des Ersten Weltkrieges die Provinzmuseen, das Museum der Grenzen im Bahnhof Stazione Transalpina, die Sammlung des Monte Santo und das Kriegsmuseum in Caporetto. Tarvisio, Piancavallo, Forni di Sopra, Ravascletto, Sella Nevea und Sauris sind ideale Ausflugsziele für Schulwochen. www.turismofvg.it

Trüffel und Bike an der Adria

Mit dem Fahrrad die Parenzana-Eisenbahnstrecke entlang

„Andere Kulturen kennenlernen,
aber keine öde Kulturreise.
Auch eine gute Führung ist wichtig.“
(Judith, 16, Neuhaus)

Die stillgelegte Trasse der historischen Parenzana-Schmalspur-Eisenbahn wurde durch ein EU-Projekt revitalisiert und führt nunmehr als Bike- und Wanderstrecke durch Istrien. Zwischen den Hafenstädten Koper und Poreč erstreckt sich die grenzüberschreitende „Route der Gesundheit und Freundschaft". Die über 38 slowenischen und 60 istrischen Streckenkilometer können als Bikestrecke oder zum Wandern und Spazieren genutzt werden.

Der istrische Streckenabschnitt führt durch fruchtbare Täler, über hohe Schluchten und passiert mittelalterliche Dörfer, Weinberge und Olivenhaine. Zahlreiche historische Viadukte, Tunnels und Bahnhöfe werden von gelben Hinweistafeln am Wegrand dokumentiert und das Parenzana-Museum in Livade informiert über die Geschichte der Bahnstrecke.

Auf der Route führen romantische Wein- und Olivenölstraßen (beschildert mit „Vinska Cesta" oder „Cesta maslinova ulja") zu Winzern und Olivenbauern. Unzählige kleine Gärten beliefern die Märkte der Hafenstädte mit Obst und in den Eichenwäldern gedeiht, einige Zentimeter unter der Erde, der teuerste Pilz der Welt, der nur von ausgebildeten Mischlingshunden erschnüffelt werden kann. Im Vergleich zur weltberühmten weißen Herbsttrüffel, die zu Spitzenzeiten mit 5.000 Euro pro Kilo gehandelt wird, sind die schwarzen kroatischen Sommertrüffelarten mit einem Kilopreis um 100 Euro direkt billig. In Trüffelshops, Konobas und Restaurants kann man die Spezialität testen.

Der Parenzana-Radweg beeindruckt durch seine historische Schönheit.

Ausgangspunkt für eine schöne Tour ist Buje. Unweit davon, im Örtchen Volpia, gibt es die „Casa Parenzana", ein einfaches, aber gemütliches Quartier gutem Frühstück und Konoba. Benannt wurde das Landhotel nach der „Parenzana-Schmalspur-Eisenbahn", die von 1902 bis 1935 dreiunddreißig Ortschaften der Österreichisch-Ungarischen Monarchie verband. Weil mit der Bahn neben Meeresfrüchten, Fisch, Olivenöl und Trüffeln bevorzugt Weine zu den kaiserlichen und königlichen Höfen transportiert wurden, hieß sie im Volksmund auch Weineisenbahn – das und mehr erfährt man im kleinen Parenzanamuseum im Haus. Gut eingestimmt geht es von hier weiter mit dem Rad nach Livade. Im Hinterland gibt es günstige Unterkünste in Landhäusern, Boutiquehotels und Bauernhöfen (www.idriva.de).

Online planen

In Kroatien gibt es 60 Fahrradwege, die auf einer Gesamtlänge von 1500 Kilometern markiert sind. Der istrische Tourismusverband bietet auf www.istria-bike.com eine interaktive Landkarte mit Routen, Übernachtungstipps entlang der Strecke, Radreise-Packages und nützlichen Adressen. Kostenlos stehen detailliertes Kartenmaterial (pdf), Streckenbeschreibungen mit Höhenprofil und Entfernungsangaben, sowie GPS-Tracks zum Download bereit.

Weitere Attraktionen

► Auf der Strecke liegt das Künstlerstädtchen Grožnjan. Im Sommer bevölkern Kunsthandwerker und Musiker die Gassen. Wer den Ort zu einer anderen Jahreszeit besucht, kann in Ruhe und Stille die Aussicht genießen.

► In der Bergstadt Motovun, die auf einem steilen, isolierten Hügel hoch über dem Tal der Mirna thront und durch einen begehbaren Ringwall zum natürlichen Rundkino mutiert, ist es ebenfalls eher ruhig. Ein idealer Ort für eine Rast.

► Etwas weiter weg von Livade, zwischen den kleinen Orten Roč und Hum, würdigen neun steinerne Denkmäler die älteste slawische Schrift „Glagoliza“, die hier um 900 kultiviert wurde. Auf halber Wegstrecke zweigt eine schmale Straße Richtung Kotli ab und führt zum Oberlauf der Mirna, der in türkisfarbenen kleinen Wasserfällen bergab plätschert. Bei Pršut (Karstschinken), Käse und Wein kann man das Naturschauspiel vom Gastgarten der Konoba Kotlić beobachten. Von den Hügeln bei Hum sprudeln fünf quellfrische Wasserläufe ins Bachbett. Heute zählt die „kleinste Stadt der Welt“ nur noch zwanzig Einwohner. Innerhalb der wehrhaften Mauern und altertümlichen Steinfassaden fühlt man sich beinahe ins Mittelalter zurückversetzt. www.tz-buzet.hr

Kroatischer Trüffelsucher mit seinen Hunden

Safari-Feeling an der Küste

Besuch der „Friedensinseln"

Mondäne Natur: Die Inselwelt des Nationalpark Brioni

Die Brioni-Inseln verdanken ihre Popularität dem Altösterreicher Paul Kupelwieser. Er hat 1893 den 736 Hektar großen Archipel mit 14 Inseln gekauft, um ihn zum Urlaubsziel für die High Society zu machen. Er legte Sümpfe trocken, errichtete Parks, Alleen, vier Hotels und zehn Villen. Doch in den 1930er-Jahren verfiel die Inselwelt in einen Dornröschenschlaf. Der Wiederaufbau von 1947 bis 1980 war mit Josip Broz Tito verknüpft, der auf der Insel Vanga sowohl seine offizielle wie auch private Residenz hatte. Mit der hier erfolgten Gründung der Liga der Blockfreien Staaten erhielten die Inseln den Beinamen „Friedensinseln". Geschichtsträchtiger Boden also.

Heute erreicht man die Hauptinsel Veli Brion in 15 Minuten mit dem Boot von Fažana aus. Seit 1983 gelten die Inseln aufgrund der einzigartigen Pflanzenwelt als Nationalpark. Eine der Hauptattraktionen ist aber der Zoo, der bereits 1912 vom Hamburger Carl Hagenbeck angelegt wurde. Weiters gibt es eine ein Museum, Skulpturensammlung, ein venezianisches Kastell, die Reste eines byzantinischen Castrums und einer Benediktinerabtei sowie Ausgrabungen einer prachtvollen kaiserlich-römischen Sommerresidenz mit Tempelanlagen aus dem ersten Jahrhundert nach Christus. Eine Inselrundfahrt mit der Kleinbahn dauert rund vier Stunden. Ein Golfplatz und ein Hotel sind ebenfalls vor Ort.

► Nationalpark Brioni
52214 Brioni, Kroatien

► Tourismusverband Istrien
Pionirska 1, 52440 Poreč, Kroatien
www.istra.hr

Weitere Attraktionen

► Küstenort Fažana: Das ehemalige Fischerdorf ist auf jeden Fall einen Besuch wert. Die Tradition der Sardellenfischerei ist hier stark verwurzelt. Bis 1952 gab es im Ort eine Fabrik, in der die Sardellen konserviert wurden. Hafen und Strandpromenade sind deshalb Austragungsort für zahlreiche Fischerfeste. Am 24. Juni darf man zahlreiche Sardellengerichte verkosten, am 4. August wird das Sardellenfest gefeiert und am 12. August können u.a. historische Fischerutensilien bestaunt werden. Im Juli und August findet außerdem immer mittwochs ein Markt mit handgemachten istrischen Souvenirs statt. Tipp: Badesachen nicht vergessen! Der weiße Kieselstrand des Ortes sorgt für super Strand- und Plantschfeeling.

► Stadtbummel in Rovinj: Rund 30 Kilometer von Fažana entfernt liegt die Stadt Rovinj. Bei einem Stadtbummel sollte man sich für einen Besuch des barocken Heimatmuseums und der botanischen Gartenanlage Zeit nehmen.

Entspannen am Meer: beim Besuch in Rovinj

Sommer, Sonne, Strand und Stimmung:

Maturareisen

"Eine Maturareise an die Adria ist sicher schön. Ich bin mehrmals pro Jahr dort und fühle mich wohl. Es gibt genügend Städte mit passendem Angebot."

(Sarah, 19, Klagenfurt)

Endlich: das letzte Schuljahr! Doch gerade jetzt heißt es noch einmal fleißig sein und richtig reinstrebern. Wenn die Lernerei und die anstrengende Zeit der Prüfungen vorbei sind, wartet die Belohnung: die Maturareise. Dann kann die Lust auf Party und aufs Chillen gestillt werden. Und damit es dabei keine unangenehmen Überraschungen gibt, muss die Maturareise gut geplant und vorbereitet werden. Meistens kommen bereits zu Beginn des Maturaschuljahres verschiedene Veranstalter von Maturareisen in die Abschlussklassen und werben mit tollen Angeboten. Bevor man aber Hals über Kopf ein solches Angebot auch tatsächlich bucht, sollte man einiges beachten. Nicht immer sind die verlockenden Schnäppchen so attraktiv, wie sie scheinen. Also gibt es vor der Partysause hier noch ein paar Tipps, damit die Maturareise auch wirklich zum Hit wird:

- Die ganze Klasse sollte gemeinsam überlegen, welches Ziel ins Auge gefasst werden soll und demokratisch darüber abstimmen, damit es zu keinen Streitereien kommt.
- Jugendliche unter 18 Jahren brauchen für die Buchung einer Reise die Zustimmung der Eltern.
- Vorher muss abgeklärt werden, ob der geplante Reisetermin wirklich wahrgenommen werden kann. Manchmal kommen Jobs, Aufnahmeprüfungen, Zivildienst etc. dazwischen.
- Nicht voreilig buchen! Sich lieber Zeit nehmen und Preise sowie Leistungen von den Anbietern prüfen und vergleichen. Auch überlegen: Will man eine Pauschalmaturareise oder alles doch lieber selbst organisieren und mit Einheimischen vor Ort feiern?
- Beim Abschluss einer Reiseversicherung sollte aufs Detail geachtet werden. Eine Stornoversicherung deckt nämlich nur dann die Kosten, wenn der Grund für die Stornierung auch versichert ist (schwere Erkrankung, Nicht-Bestehen der Matura).
- Wenn ein Schüler die Maturareise für die gesamte Klasse organisiert und auch alle Buchungen vornimmt, haftet er oder sie gegenüber dem Veranstalter. Deshalb gleich zu Beginn mit dem Veranstalter festhalten, dass sowohl Anzahlung als auch Restzahlung von jedem Einzelnen per Zahlschein beglichen werden.
- Ungenaue Vereinbarungen unbedingt vermeiden und das Kleingedruckte bei den Angeboten lesen.
- Vor der Buchung die Allgemeinen Geschäftsbedingungen (AGB) anfordern und durchlesen.

Raus aus der Schule, rein ins Partyvergnügen

- Wenn der Veranstalter die Klasse in einem anderen Hotel unterbringen möchte als vereinbart, muss man das nicht akzeptieren. Man kann die Einhaltung des Vertrages einfordern oder den Vertrag kostenlos auflösen.
- Eine Schulklasse ist eine große Gruppe. Egal, was gebucht wird, unbedingt darauf hinweisen und nach Mengenrabatt fragen.
- Wer im Internet bucht, hat kein kostenloses Rücktrittsrecht.
- Kommt der Vertrag außerhalb der Geschäftsräumlichkeiten des Reisebüros, also zum Beispiel in der Schule, zustande, gibt es ein gesetzliches Rücktrittsrecht. Die Frist beträgt eine Woche ab Zustandekommen des Vertrags. Der Rücktritt muss schriftlich erfolgen.
- Da die Maturareise die letzte gemeinsame Klassenreise ist, wäre es schön, wenn alle geschlossen daran teilnehmen.
- Der beste Termin ist die Woche direkt nach der mündlichen Matura.

Wenn man diese Tipps beherzigt, steht einer einzigartigen Maturareise nichts mehr im Wege und die Party kann ordentlich abgehen!

Tipp: Für weitere Informationen oder bei Fragen können sich Schüler und Maturanten kostenlos an den Konsumentenschutz der Arbeiterkammer wenden. www.arbeiterkammer.at

Feiern am Klopeiner See

> „Zuerst zum See
> und am Abend Party!"
>
> *(Patrick, 17, Villach)*

Die Region Klopeiner See in Südkärnten ist eine beliebte Sommerdestination und besticht durch ihre abwechslungsreichen Angebote für Sonnenanbeter, Aktivurlauber und Kulturgenießer. 2.000 Sonnenstunden pro Jahr und Europas wärmste Badeseen sind die idealen Voraussetzungen für einen Sommerurlaub, wie er sein soll. Der 1,8 Kilometer lange und rund 800 Meter breite Klopeiner See erwärmt sich im Sommer auf bis zu 28 Grad und bildet zusammen mit den sechs weiteren Seen der Region eine einmalige Seenlandschaft vor einer ebenso eindrucksvollen Bergkulisse. Und am Abend geht die Party los!

► Flamingo
in Seelach
www.flamingo.klopein.at
Von Mai bis Mitte September hat das direkt im Zentrum platzierte Café Flamingo täglich von 9 bis 2 Uhr geöffnet. Vor allem bei Bikern sehr beliebt, hat das Café mittlerweile seine eigenen Bikerdays, an denen sich nicht nur begeisterte Biker, sondern auch junge Menschen auf einen Kaffee oder ein Eis treffen.

► Diskothek „Rondo"
in Seelach im Zentrum
Seenweg 4, Klopeinersee
Die Diskothek bietet zweifelsfrei alles, was sich begeisterte Tänzer wünschen. Bei heißen Beats und coolen Drinks werden die Nächte am See ganz klar durchgefeiert.

► Galerie Tanzcafé
in Seelach im Zentrum
Seenweg 6, Klopeinersee
www.galeriebar.at

Das Tanzlokal am Klopeiner See. Wer den Abend mit super Stimmung und flotten Tänzen verbringen will, ist hier genau richtig. Aber auch ein gemütliches Beisammensitzen ganz ohne Trubel ist auf der hauseigenen Terrasse möglich.

► Diskothek Cabana – Country Market

Fernando Colazzo Platz 5, Kühnsdorf

Die Diskothek Cabana ist eine der Top-Adressen für Feten und heiße Discoabende rund um den Klopeinersee. Hier werden schon mal Saturday-Night-Clubs bis in die frühen Morgenstunden gefeiert.

► Tequila-Bar

Griffen 14, Griffen

Wie der Name schon sagt, wird hier gemütlich gesessen und getrunken: Tequila - an der Bar - versteht sich. Man kann aber durchaus andere Drinks zu sich nehmen und sich vom ansteckenden Flair mitreißen lassen. Die Tequila-Bar ist und bleibt ein Muss!

► Bar Filou – Cocktailbar Pazzo

Seestraße, St. Kanzian

Die Bar Filou ist ein Ort zum Flirten, Tanzen und Kennenlernen. Auch für Verliebte spielt das Filou die passenden Töne. Vor dem Lokal befindet sich die Cocktailbar Pazzo – genau das Richtige für einen schönen und rundum perfekten Sommerabend. Jeden Donnerstag mit Live-Musik.

► Bar 7

Seenweg 4, St. Kanzian

www.bar-7.at

Die Bar 7 lädt vor allem Cocktail-Liebhaber dazu ein, die bunten Kreationen zu probieren.

Große Auswahl zu erschwinglichen Preisen.

► Café-Diskothek Emi

Griffen 29, Griffen

Das „Emi“ ist ein modernes, jugendliches Café, das allseits beliebt ist und regen Zulauf findet.

Outdoorparadies Klopeinersee

An seine Grenzen gehen beim Klettern.

► **Art-Café**
Griffen 20a, Griffen
www.art1.at
Im Art-Café mitten in Griffen findet sich vor allem junges Publikum wieder, das in gemütlicher Atmosphäre und bei freundlichen Preisen gerne ein Treffen arrangiert.

► **Diskothek Fuchsloch**
Pudlach 65, Neuhaus/ Klopeinersee
www.fuchsloch.at
Ob Motto-, Birthday- oder Kuba-, Tanga- und Zwergen-Partys: im Fuchsloch am Klopeinersee werden junge Menschen dazu eingeladen, ihrer Partylaune freien Lauf zu lassen. Spaß ist garantiert!

Events

Im Juni findet in der Region der X Team Decathlon (www.xteamdecathlon.com) statt: Das ist ein Extrem-Wettkampf in zehn verschiedenen Disziplinen. Auch die Ö3-Disco macht hier im Sommer Station. Anfang Juli wird der nächtliche See hell erleuchtet, eines der spektakulärsten Feuerwerke Österreichs wird abgefeuert. Ebenfalls im Juli gibt es das Acoustic Lakeside am Sonnegger See, ein kleines, aber feines Festival mit tollem Line-up (Art Brut, Virginia Jetzt! usw.) Genres: Indie Pop, Indie Rock, Punk, Alternative Rock, Rock (www.acousticlakeside.com). Alle Termine zu den Events gibt es auf www.klopeinersee.at.

Was man sonst noch unternehmen kann

- 40.000 Quadratmeter Blumen-Erlebnis-Park mit Spiel- und Kletterlandschaften, Irrgärten und Labyrinthen, Rätsel- und Sinnespfaden am Sonnegger See.
- Naturwanderer durchschreiten Naturschutzgebiete wie die Vellacher Kotschna und die Trögerner Klamm.
- Gipfelstürmer nehmen in Begleitung geprüfter Bergführer die Zweitausender Hochstuhl (2.238 m), Koschuta (2.136 m), Grintavec (2.558 m) oder Hochobir (2.139 m) ins Visier.
- Schwimmen und Sonnenbäder genießen: an Seen mit Trinkwasserqualität ist ein rundum entspannendes Erlebnis. Der Klopeiner See ist auch begehrt bei Surf-Einsteigern, Tauch-Neulingen und Board-Paddlern.
- Radfahren in allen Facetten: Für Freunde des Zweirads werden beispielsweise verschiedenste Wege in den Tälern oder im leicht kupierten Gelände ideal von anspruchsvollen, grenzüberschreitenden Mountainbike-Touren in den Karawanken ergänzt.
- Paintball Arena Schreckendorf
- Bungee Jumping: Jauntalbrücke – höchste Eisenbahnbrücke Mitteleuropas (96 Meter)
- Funparks in Bleiburg, Gallizien, Griffen, Feistritz ob Bleiburg, Völkermarkt
- Gleitschirmfliegen (von der Petzen, Unterkärntner Gleitschirmfliegerclub)
- Kanu- und Kajak-Touren, Infos: Pongratz Touristik, www.pongratz-touristik.at
- Tropfsteinhöhlen in Eisenkappel und Griffen
- Drauschifffahrt Südkärnten
- Walderlebniswelt Klopeiner See (eher etwas für die Jüngeren unter euch, zum Auspowern), www.walderlebniswelt.at
- Sommerrodelbahn Eberndorf
- Dinner am Steg (Gösselsdorfer See)
- Nicht in der Region – trotzdem in der Nähe: Hochseilgarten Lavanttal, Kartsportbahn Wolfsberg, Tscheppaschlucht bei Ferlach (mit coolem Waldseilpark!)

Das kleine Florida: Lignano

> „Ich war beim Spring Break Europe dabei: Lignano ist einfach das Beste zum Abfeiern."
>
> *(Michelle, 18, Klagenfurt)*

Ernest Hemingway bezeichnete Lignano Sabbiadoro als das kleine Florida, die Sommerhauptstadt des Freizeitvergnügens in Norditalien. Und wie Recht er damit hat! Das Nachtleben ist einzigartig, die vielen Geschäfte und Modeboutiquen ziehen Scharen von jungen Leuten an. Es gibt große Events mit internationalen DJs und Musikern. Sogar die Mega-Party Spring Break Europa machte hier 2009 Station. Es ist immer etwas los: Beach-Volley- und Beach-Soccer-Turniere in der Beach-Arena in Sabbiadoro, Pop- und Klassikkonzerte in der Alpen-Adria-Arena, Ausstellungen in verschiedenen Ateliers in Sabbiadoro und Pineta, internationale Tanzwettbewerbe und Athletik-Meetings in der Turnhalle und im Stadion von Lignano Pineta.

Zur Erholung vor dem Feiern am Abend bietet sich der langgestreckte, goldfarbene Sandstrand an: auf acht Kilometern kann relaxt werden. Das Meer ist ruhig und flach – Badespaß ist garantiert. Dazu gibt es Animation, Schwimmschulen, Windsurfing, Kanufahren, Bananaboat und vieles mehr in Lignano Riviera und Lignano Pineta.

Bei Schlechtwetter kann man auf die Thermen von Lignano Sabbiadoro zurückgreifen. Sie liegen in einem jahrhundertealten Pinienwald eingebettet und sind bekannt für Thalasso-Therapien. Es gibt hier auch ein renommiertes Schönheits-Center, das Check-ups anbietet und personalisierte Behandlung – man kann sich verwöhnen lassen, oder seine Problemzonen in Form bringen, sofern man welche hat.

In Lignano gibt es außerdem zahlreiche Themenparks: Wasser-, Tier- und Lehrparks. „Gulliverlandia" begeistert mit seinen Aquarien, den prähistorischen Szenarien und dem Panoramaturm, das „Aquasplash" bietet Wasserrutschen und Wellenbäder, im „Papageienpark" entdeckt man eine der größten europäischen Sammlungen von Papageien, während im „Park Zoo Puntaverde" mehr als 150 Tierarten in ihrem natürlichen Lebensraum bestaunt werden können. Besitzer der FVG-Card bekommen 20 Prozent Ermäßigung auf die Eintrittspreise all dieser Parks.

Na dann, gute Nacht!

Neben den schicken Club-Hotels – die natürlich etwas mehr kosten – gibt es viele einfache, günstigere Unterkünfte. Schließlich verbringt man auf einer Maturareise sowieso nicht allzu viel Zeit auf dem Zimmer, sondern ist am Strand oder feiert.

► Hotel Bologna
Lignano Sabbiadoro
Via Cormor 127
37 bis 57 Euro pro Person/Nacht
Mai bis September geöffnet

► Hotel Palace
Lignano Sabbiadoro
Via Carmor 127
38 bis 67 Euro pro Person/Nacht
Mai bis September geöffnet

Konzerte der Superlative

Lust auf etwas Verrücktes?

► **Appartements American**
Lignano Sabbiadoro
Via Carmor 127
8 bis 24 Euro pro Person/Nacht
Mai bis September geöffnet

► **Appartements La Zattera**
Lignano Sabbiadoro,
Via Carmor 127
11 bis 32 Euro pro Person/Nacht
Mai bis September geöffnet

► **Residence Albatros**
Lignano Sabbiadoro,
Via Carmor 127
11 bis 32 Euro pro Person/Nacht
Mai bis September geöffnet

► **Camping Pino Mare**
Lungomare Riccardo Riva n 15
Lignano Sabbiadoro-Riviera
www.campingpinomare.it
Der Campingplatz Village „Pino Mare" ist direkt an der Adria und liegt zwischen dem üppigen Grün eines Pinienhaines und einem ausgedehnten Privatstrand. Modern ausgerüstet!

Tanzen, feiern und kennenlernen

Gelegenheiten für Party gibt es haufenweise: Pubs bis spät in die Nacht geöffnet, Partys am Strand und die berühmten Diskotheken Besitos und Mokambo befinden sich obwohl in Lignano Sabbiadoro als auch in Pineta und Riviera.

Die bekanntesten Diskotheken sind das Ca Margherita, Mr. Charly, Aqua Terrazza Mare und die Disco Italia. Kultig sind das Miró und der Kursaal in Pineta. In Pineta gibt es direkt am Strand die Bar Tenda – super Stimmung am Abend mit DJ. www.tendabar.it

Heiße Nächte in Portorož

> „Mein Tipp: Mit dem Rad den Strand entlang, dem Sonnenuntergang entgegenfahren und schwimmen gehen im Moonlight Bay (Mesečev zaliv)."
>
> *(Miha, 21, Maribor)*

Junge Slowenen aus dem ganzen Land treffen sich im Sommer an der Küste zum Relaxen und Feiern. Besonders angesagt ist Portorož. Durch die Salzgewinnung erlangte die Stadt einst Ruhm und Reichtum, heute ist Portorož nicht nur für die Einheimischen ein beliebter Urlaubsort. Viele Hotels, Strände, Restaurants, Bars, Clubs, Casinos, Geschäfte und Veranstaltungen ziehen junge Leute aus ganz Europa an. Es gilt als Vergnügungsmekka im Sommer.

Der Yachthafen bietet mit seinen über 1200 Liegeplätzen ein Eldorado für Segler. In der Abenddämmerung steigen viele Partys an Bord der kleinen und größeren Boote. Am Tag chillt man gemütlich, trifft sich mit Freunden am hellen Sandstrand, der zu den schönsten und längsten Stränden in Slowenien gehört. Oder man schlendert gemütlich die Uferpromenade entlang und gönnt sich das eine oder andere Eis. „Wellnesser" können sich in einem der unzähligen Spa- und Wohlfühltempel niederlassen, denn neben dem Vergnügen wird Thermalwasser und Kur in Portorož ganz groß geschrieben. Erholt und gestylt geht es dann entweder gleich in die Stadt oder doch zuerst zum Moonlight Bay.

i Nightlife vom Feinsten

Portorož hat eine Menge coole Cafés und Clubs am Strand, besonders beliebt sind das Paprika, Alaya und der Tivoli Club. Sie befinden sich alle in Obala, dem Zentrum der Partyzone der Stadt.

► Paprika
Obala 22a, Portorož
www.paprika.si
Tagsüber ist das Paprika ein modernes Café, doch am Abend verwandelt sich das Lokal in eine angesagte Disco. Die DJs spielen Gute-Laune-Musik, angefangen von Latino bis zu House. Kein Eintritt, von 20 bis 4 Uhr geöffnet.

► Tivoli
Obala 14a, Portorož
Tivoli zählt zu den Dance-Clubs in Portorož. Hier wird richtig Beach-Party gefeiert bis in die frühen Morgenstunden.

► Alaya Cocktail Bar
Obala 22, Portorož
www.alaya.si
Karibik-Feeling pur: Cocktails in allen Regenbogenfarben, tropische Deko und gute Musik, hier trifft man sich mit Freunden – es wird ausgelassen gefeiert.

i Da schmeckt's uns!

► Café Cacao
Obala 14, Portorož
www.cacao.si
Im Café Cacao gibt es das beste Eis der Stadt, serviert in einem stylischen und modernen Ambiente. Es gibt auch guten Kaffee und fruchtige Cocktails. Internet- und Laptop-Login vorhanden.

► Rustika
Obala 25, Portorož
Das „Rustika" ist bekannt für die sehr gute Pizza, aber auch die Pasta-Gerichte kann man sich hier schmecken lassen.

► Papa Chico
Obala 26, Portorož
Scharf, gut und günstig: Mexikanisches Essen serviert „Papa Chico".
Nicht verpassen: die Margaritas!

► Ribja Kantina
Obala 26, Portorož
In der Ribja Kantina kommen Fans von Meeresfrüchten und Fisch voll und ganz auf ihre Kosten. Alles frisch zubereitet!

Na dann, gute Nacht!

► **Garni Maki**
Pot K Izviru 21, Lucija
www.garni-maki.com
Die zehn Zimmer sind sehr einfach eingerichtet und kosten rund 30 Euro. Ein Highlight ist aber die Terrasse: Hier wird nicht nur Frühstück serviert, man hat auch einen traumhaften Ausblick. Gemütlich und familär. Nachteil: etwas weitab vom Schuss.

► **Penzion Forma Viva**
Soča 159, Portorož
www.formaviva-portoroz.si
Das Gästehaus bietet 23 Zimmer, liegt südlich der Marina, nahe dem Strand, Restaurants und Nightlife. Pluspunkt: Auch Hunde und andere Haustiere sind willkommen!

► **Apartments Ananina**
Bazoviska 23, Portorož
www.ananina.com
Ab vier Personen lohnt sich ein Appartement. Mit Balkon und Meerblick sowie Grillmöglichkeit im Garten. Ganz in der Nähe der Strände und Obala.

► **Vila Lili**
Liliana Jerlah,
Letoviska pot 29, Portorož
www.vilalili.com
Sehr schöne Appartements ab 2 Personen bietet die Villa Lili mitten im Zentrum. Ruhige Lage, in nur wenigen Minuten ist man zu Fuß im Ausgehvierte. Es gibt kostenloses W-LAN-Internet!

► **Hi-Hostel Portorož**
Sentjane 25, Portorož
www.hihostels.com
Traumhafter Blick auf die Salinen, in der Nähe der Küste, Preis pro Bett ab 21 Euro.

Gute Stimmung in Portrož

Shopping

► Souvenir
Obala 14, Portorož
Postkarten, T-Shirts, Strand-Accessoires und vieles mehr, im Souvenir kann man ausgiebig shoppen.

► Beautique Porta
Obala 14b, Portorož
Ein kleiner Kosmetikstore, der ein großes Sortiment zu bieten hat: angefangen von Düften über Nagellack bis hin zu Body-Lotions.

► Studio la Perla
Obala 33, Portorož
www.morris.si
Schwimmsachen zu Hause vergessen? Kein Problem: Hier findet man passenden schicken Ersatz.

► O!bala Board Shop
Obala 57, Portorož
www.obsession.si
Alles fürs Skaten!

Entspannen in Portorož

24 Stunden Party in Rovinj

> „Rovinj ist wunderschön.
> Das Fortgehen ist dort genial,
> es gibt tolle Cocktailbars."
>
> *(Sonja, 18, Bodensdorf)*

Wenn eine ganze Stadt den ganzen Tag durchfeiert und man nur fesche Beach-Girls und heiße Sunny-Boys sieht, dann ist wahrscheinlich die größte Poolparty der Saison am Laufen - das Kultevent aus Amerika: Spring Break Europe. Nach Lignano machen die Veranstalter 2010 in Rovinj richtig Party. Ebenfalls mit dabei das Spring-Break-Cruise Missile, das große Partyschiff.

Wer am Tag noch fit ist, kann in der kleinen Stadt Rovinj die Sonne genießen und durch entzückende Gässchen schlendern. Vom Yachthafen gelangt man in den hundertjährigen, 52 Hektar großen Wald- und Landschaftspark am Zlatni rt, der nicht nur mit mediterraner und exotischer Vegetation, sondern auch mit idyllischen Badeplätzen aufwartet.

Feiern nach der Megaparty

Zum genussvollen Tagesausklang darf ein Besuch in der Valentino-Bar (Santa Croce 28) nicht fehlen. Am besten in einem bequemen Korbsessel oder mit dickem Kissen direkt auf den Altstadtfelsen am Meer. Grenzgenial! www.valentino-rovinj.com

Gestärkt geht es dann ab in den neuen riesengroßen Vergnügungstempel Monvi. Pool-Bars, Lounges, Clubs, Discos, Restaurants, Games und vieles mehr sorgen für gute Laune – die ganze Nacht lang. www.monvicenter.com

Traumferien in Rovinj

Nur einige Autominuten vom Zentrum Rovinjs entfernt liegt die Ferienanlage Valdaliso mit Hotel, Camping und 26 Mobilheimen inklusiver kilometerlanger Kies- und Felsstrände. Für Abwechslung und Verpflegung sorgen Minimarkt, Zeitungskiosk, Friseur, Wechselstube, Restaurants, Pizzeria, Aperitifbar, Sommerterrasse und Nachtbar. Neben dem azurblauen Meer lädt ein Swimmingpool zum Sprung ins erfrischende Nass. Für Sport- und Aktivbegeisterte gibt es Fitnesscenter, Tennis, Beach-Volleyball, Tischtennis, Aerobic, Tauchen (eigene Tauchschule) und Massagemöglichkeiten. Tipp: Ausschau halten nach den Kunst-Workshops. Info: Rovinjturist d.d., www.rovinjturist.hr

Weitere Partydestinationen in Kroatien:
Poreč und Novalja. Auf der Insel Pag pilgern Techno- und Housefans in den Club Aquarius.

Anhang

Index

Adria: 99, 127, 163, 199, 210, 212, 217
Anreise: 92, 125, 160
Atrio: 70, 79
Auto News/GTI: 86
Bad Kleinkirchheim: 191
Banken: 96, 126, 162
Beachvolleyball: 31, 46, 62, 63
Bled: 120, 202
Bleiburg: 193, 223
Blog: 29, 186
BTC City: 111
Buje: 213
Bungee Jumping:223
Camping: 38, 86, 105, 122, 131, 150, 168, 175, 180, 210, 226
Canyoning: 82
Cerknica: 201
City Arkaden: 40, 54, 57, 58
Collio: 211
Cormons: 211
Dolomiten: 204
Drau: 65, 82, 96, 113, 114, 119, 196, 223
Duino: 131, 210
Einreiseformalitäten: 92, 125, 160, 182
Eisenbahn/Zug: 17, 92, 125, 160, 180, 182
Elektrizität: 92, 125, 160, 182
Erdbeben: 207
Park (Erlebnis, Fun, Vergnügen): 36, 47, 52, 110, 119, 146, 156, 178, 180, 196, 198, 215, 223, 224, 156
Ermäßigungen: 93, 149
Erster Weltkrieg: 197
Etikette: 17
Events: 45, 85, 90, 110, 118, 135, 153, 171, 222, 224,
Fažana: 215
FKK: 86, 174, 180
Freilichtmuseum: 197, 199, 206,
Friaul: 128, 137, 207, 210
Gardaland: 156
Gardasee: 146

Gerlitzen: 81, 82, 83,
Gleitschirm: 223
Golf: 64, 91, 136, 145, 159, 172, 181, 215
Griffen: 195, 221, 223
Grotte Baredine: 174
Grotte di Villanova: 209
Grožnjan: 214,
Handy: 17, 28, 200
Heimweh: 26
Hemmaberg: 196,
Höhle von Postojna: 200
Hum: 214
Internet: 29, 32, 39, 94, 100, 170, 189, 219
Italien: 127, 204, 224
Iron Man: 45, 90
Izola: 199, 200
Jugendorganisation: 94
Jugendschutzbestimmungen: 23
Jugendtreffs: 51
Kärnten: 31, 190, 220
Kap Kamenjak: 172
Karst: 199
Klagenfurt: 32
Klassenfahrten/Schülerfahrten: 185
Klettern: 136, 144, 198, 222
Klopeiner See: 220
Kolosseum/Amphitheater/Arena von Pula: 164
Koper: 199, 212
Kötschach-Mauthen: 197
Kreditkarten: 18, 126, 162, 184
Kroatien: 163, 213, 231
Kultur: 10, 14
Kürbisfest: 208
Lignano: 224
Limski Kanal: 172
Lipica: 201
Ljubljana: 100
Maribor: 113
Maturareisen: 217
Medulin: 172
Miramare: 129
Motovun: 214

Mountainbike: 61, 85, 112, 137, 148, 159, 192, 206, 213, 223, 202
Movieland: 158
Mumien: 208
Museum Liaunig: 193
Nationalpark: 190, 202, 215
Notruf: 94, 125, 161, 183
Novalja: 232
Obir-Tropfsteinhöhlen: 196
Paintball: 178, 223
Parenzana: 199, 212
Parken: 97
Piran: 199,
Plöckenpass: 197
Poreč: 173, 212, 232
Portorož: 199, 227
Pag: 232
Predjama: 201
Pula: 164
Radovna: 124, 202
Rafting: 82, 120, 203
Rilke-Weg: 210
Roč: 214
Rovinj: 178, 216, 231
Sava: 105, 124
Savudrija: 180,
Schmetterlingshaus: 209
Schwimmen: 83, 85, 91, 119, 198,
Sistiana: 211
Skaten: 63, 91, 112, 230
Slowenien: 99, 199, 227
Soča-Fluss: 203
Sommerrodelbahn: 84, 91, 119, 198, 223
Sonnegger See: 196
Speik: 192
Strandbad: 61, 83, 91, 124,
Südtirol: 204
Surfen: 83, 91, 159, 179
Tandem: 64, 82, 124,
Tauchen: 61, 91, 159, 178, 232
Taxi: 77, 125, 161, 184
Thermen: 80, 83, 116, 145, 159, 191, 224
Tolmin: 202

Triest: 128
Tropfsteinhöhlen: 196, 223
Trüffel: 213
Turracherhöhe: 190
Udine: 137
Umag: 179
Venzone: 207
Villa Manin: 139
Villach: 65
Vintgar-Klamm: 124
Weinstraße: 169, 201
Windstraße: 199
W-LAN: 39
Wörthersee: 85

Quellen

- Die erste Jugendreise, Ein Elternratgeber mit nützlichen Tipps, RUF Jugendreisen, Trend Touristik GmbH, Bielefeld 2007
- Fohrer, Eberhard: Venetien Friaul, Michael Müller Verlag, Erlangen 1999
- Istrien Dalmatische Küste, Baedecker Allianz Reiseführer, Verlag Karl Baedecker, Ostfildern 2002
- Jugend und Familie in Europa, Statistisches Bundesamt Wiesbaden, 2009
- Kirchner, Beate/Poteschil, Bettina/Rieder, Jonny/Zölch, Stefan: Kroatien entdecken, Unterwegs zwischen Istrien, Slawonien und Dalmatien, Treschner Verlag, 2005
- Köthe, Friedrich/Schetar, Daniela: Istrien Kvarner Bucht, Dumont Extra, Dumont Buchverlag, Hamburg, 2001
- Österreich, Baedecker Allianz Reiseführer, Verlag Karl Baedecker, Ostfildern 2000
- Reiseführer: Kärnten, Slowenien, Italien, Kroatien/Istrien von t-online.de Reisen, präsentiert von Marco Polo, 2009
- Slowenien, Baedecker Allianz Reiseführer, Verlag Karl Baedecker, Ostfildern 2004
- Schauer, Klaus/Gavranovic, Ante: Istrien, Das große Handbuch, Carinthia Verlag, Klagenfurt 2008
- Südtirol Dolomiten, Baedecker Allianz Reiseführer, Verlag Karl Baedecker, Ostfildern 2003
- Udine, Kunsthistorischer Reiseführer, Bruno Fachin Editore, Trieste 2005

Internetquellen

http://ec.europa.eu/education/erasmus/doc892_en.htm
http://kaernten.arbeiterkammer.at/online/achtung-bei-maturareisen-42642.html
http://help.orf.at/?story=6844
http://www.jugendherberge.de/de/klassenfahrten/klassenfahrt/vorbereitung

Bildnachweis

ÖBB: 9, 92
Stadtpresse Klagenfurt/Eggenberger: 34
Lindner Hotels: 38
Stadtpresse Klagenfurt/Puch: 42, 54
Wörthersee Tourismus: 46, 61, 86
Stereo: 48
Bagatt Klagenfurt: 55
United Elements: 56
Bottega Verde/Helge Bauer: 57
City Arkaden/Harry Fischer: 58
Stadtpresse Klagenfurt/Gerdl: 64
Vi-Fa-Os Tourismus: 65, 67, 72, 97
Vi-Fa-Os Tourismus/Gerdl: 68
Vi-Fa-Os-Tourismu/Adrian Hipp: 69, 74, 82, 84
Villacher Stadtmarketing/Lokalheros: 71, 76
Pleamle: 79
Vi-Fa-Os Tourismus/Helmut Logar: 80
Vi-Fa-Os Tourismus/Design Photograph: 80
Vi-Fa-Os Tourismus/Assam: 83
Anna W.: 88
Fabrik: 90
Ljubljana Tourist Board/D. Wedam: 98, 101, 106, 110, 111
Ljubljana Tourist Board/U. Hocevar: 100
Ljubljana Tourist Board/B. Jakse und S. Jersic: 102
Ljubljana Tourist Board/B. Gradnik: 103
Slovenia Info/Smiljan Pusenjak: 113
Slovenia Info/Bobo: 115, 116, 230
Slovenia Info/Klemen Kunaver: 121, 203
Slovenia Info/B. Kladnik: 124, 201
Slovenia Info/B. Bajzelj: 201
Slovenia Info/A. Fevzar: 203
Slovenia Info/Arhiv Hotelov Morje: 229
Fototeca ENIT: 128, 139, 146, 147, 148, 151
Turismo Friuli Venezia Guilia/Gabriele Crozzoli: 130
Turismo Friuli Venezia Guilia/Maurizio Valdemarin: 135, 144
Turismo Friuli Venezia Guilia: 138, 143
www.gardaland.it: 156, 157
Movieland/Canevaworld Resort: 158
ART Redaktionsteam: 164, 167, 170, 172, 175, 176, 179, 182, 213, 214, 215, 216, 232
Turracher Höhe: 190

Thermal Römerbad: 192
Nationalpark Nockberge: 192
Museum Liaunig: 193
Museum 1915-1918: 197
Dolomythos/Wachtler: 205, 206
Ufficio IAT di Venzone: 207, 209
Gabriele Struger: 210
SpringBreakEurope/Summersplash: 219, 225, 226
Tourismusregion Klopeiner See–Südkärnten/Zupanc: 221, 222
Restliche Fotos: Anita Arneitz

Ein herzliches Danke für...

... die vielen Insidertipps:

Astrid Fallosch und Paolo
Elisabeth Sprachmann und Martina Potisk sowie
ihren SchülerInnen der Bundeshandelsakademie &
Bundeshandelsschule Villach
Gabriele Klien und ihren SchülerInnen der Bundes-Bildungsanstalt für
Kindergartenpädagogik Klagenfurt
Klaus Schuster, Tina Poje and her friends
Staša Gams
Gabriele Waschnig
Andreas Duller
Sarah Nettel
Herta Joham
Helmut Höhsl

... die Expertentipps:

Lilli Mahdalik, Gerti Malle, Maria Th. Radinger und Gabriele Struger

... die Unterstützung:

Matthias Eichinger, Manuela Klocker und Jaqueline Rauter

... die zahlreichen Unterlagen und Fotos:

Aldo Di Bernardo, Michael Wachtler, Iris Wedenig, Jutta Steinkellner,
Guntram Jilka sowie alle Gemeinden, Institutionen, Betriebe und
Tourismusverbände, die mir geholfen haben

Ein extragroßes Danke geht an die Sponsoren:

Wirtschaftskammer Kärnten
Stadt Klagenfurt (Stadträtin Dr. Christine Jeremias)

türkisch
Österreichisch/Regional
Erlebnisgastronomie
Ihr sucht...
...ein trendiges Szenelokal oder ein ruhiges Café mit WLAN-Hotspot?
wogehmahin.info
Findet alle Gastrobetriebe mit WLAN – Hotspots unter:
www.wogehmahin.info
WLAN im Tourismus